ING. HIMMEL

LANDHAUS UND VILLA IN NIEDERÖSTERREICH
1840–1914

ÖSTERREICHISCHE GESELLSCHAFT FÜR DENKMAL- UND ORTSBILDPFLEGE

LANDHAUS UND VILLA IN NIEDERÖSTERREICH 1840–1914

herausgegeben von der
Österreichischen Gesellschaft
für Denkmal- und Ortsbildpflege
mit Beiträgen von

KLAUS EGGERT, GÉZA HAJÓS, MARIO SCHWARZ, PATRICK WERKNER

1982

HERMANN BÖHLAUS NACHF. WIEN · KÖLN · GRAZ

Gedruckt mit Unterstützung durch den »Fonds zur Förderung der wissenschaftlichen Forschung« und mit Unterstützung durch den »Niederösterreich-Fonds«.

PHOTOS VON CHRISTIAN CHINNA, JOHANNA FIEGL, FRANZ CH. HÄUPL, MARIO SCHWARZ U. A.

CIP-Kurztitelaufnahme der Deutschen Bibliothek

Landhaus und Villa in Niederösterreich: 1840–
1914 / hrsg. von d. Österr. Ges. für Denkmal-
u. Ortsbildpflege. Mit Beitr. von Klaus Eggert ...
Photos von Christian Chinna ... – Wien · Köln ·
Graz · Böhlau, 1982. ISBN 3-205-07191-3
NE: Eggert, Klaus [Mitverf.]; Chinna, Christian
[Ill.]; Österreichische Gesellschaft für Denkmal-
und Ortsbildpflege.

Copyright © 1982 by Hermann Böhlaus Nachf. Gesellschaft m.b.H., Graz
Gesamtherstellung: Welsermühl, Wels

Inhaltsverzeichnis

Vorwort

In der landschaftlich reizvollen Umgebung der einstigen Reichshaupt- und Residenzstadt Wien gibt es heute noch eine große Anzahl sehr gut erhaltener Villen aus der Gründerzeit. Die Erforschung der landschaftsprägenden Architektur dieser Villen ist ein ebenso interessantes wie systematisch noch wenig erforschtes Gebiet österreichischer Kulturgeschichte.

Die Bearbeitung dieses Themas scheint dringend geboten. Einmal, weil der Bereich dieser Architektur vom Denkmalschutz noch kaum erfaßt ist, und zum anderen, weil bauliche Veränderungen an diesen Bauwerken nicht nur Verluste im Gesamtbestand, sondern mehr noch im Dokumentationswert zur Folge haben. Es ist daher dringend notwendig, den erhaltenswerten Denkmälerbestand zu erforschen. Die Verfasser der vorliegenden Studie, einer Initiative der »Österreichischen Gesellschaft für Denkmal- und Ortsbildpflege« folgend, haben als Architekturhistoriker das Thema sowohl vom Gesichtspunkt der kunsthistorischen Forschung als auch vom Standpunkt der Denkmalpflege her bearbeitet. Keinesfalls will die vorliegende Arbeit den Anspruch erheben, die Problematik der Villenarchitekur dieser Zeit endgültig und vollständig aufzuklären. Es sollte vielmehr eine Anregung gegeben werden zu einer intensiven Beschäftigung mit diesem Forschungsgegenstand.

Es ist mir eine angenehme Verpflichtung, folgenden Damen und Herren für ihre Hilfe bei dieser Arbeit zu danken:

Univ.-Dozent Dr. Ferdinand Anders, Univ.-Assistent Dipl.-Ing. Maria Auböck, Elisabeth Bobrowsky, Mag. Christian Chinna, Architekt Mag. Hermann Czech, Johanna Fiegl, Dipl.-Ing. Franz Ch. Häupl, Akad. Restaurator Martin Kupf, Univ.-Assistent Dr. Hellmut Lorenz, Hochschulprof. Helga Philipp-Okunev, Akad. Restauratorin Raja Reichmann, Univ.-Lektor Dipl.-Ing. Dr. W. Georg Rizzi, Ria Schwarz-Bellella, Univ.-Prof. Dipl.-Ing. Dr. Eduard Sekler, Univ.-Prof. Dr. Renate Wagner-Rieger †.

Ganz besonderen Dank verdient Dr. Mario Schwarz, ohne dessen Initiative und tatkräftigen Einsatz diese Studie nicht zustande gekommen wäre. Der Fonds

7

zur Förderung wissenschaftlicher Forschung sowie der Niederösterreich-Fonds haben durch einen Druckkostenzuschuß das Erscheinen des Bandes ermöglicht, wofür ihnen der geziemende Dank ausgesprochen sei.

Schließlich sei auch noch dankbar der angenehmen Zusammenarbeit mit dem Verlag gedacht, der keine Mühe scheute, die Studie in entsprechender Form der Öffentlichkeit zu übergeben.

Prof. Dr. Rudolf Bachleitner
Präsident der Österreichischen Gesellschaft
für Denkmal- und Ortsbildpflege

GÉZA HAJÓS

Die »Verhüttelung« der Landschaft

Beiträge zum Problem Villa und Einfamilienhaus seit dem 18. Jahrhundert

enn heute in der Öffentlichkeit über Villen gesprochen wird, denkt man unwillkürlich an die Mächtigen des politischen und wirtschaftlichen Lebens, vielleicht an exklusive Feste, manchmal sogar an Skandale. Die Villa hat heute noch einen stark ausgeprägten Symbolcharakter, sie stellt die letzte Möglichkeit dar, im Rahmen des privaten Lebensraums eine herrschaftliche Architektur zu errichten. Denn wer denkt schon heute noch, irgendwo einen Palast, einen echten Landsitz, ein Schloß oder gar eine Burg für persönliche Zwecke erbauen zu lassen? Mit den zahlreichen privatherrschaftlichen Architekturgattungen ist es im 19. Jahrhundert zu Ende gegangen, übriggeblieben ist nur die Villa als altehrwürdiger Begriff aus der Vergangenheit, quasi als eine letzte Möglichkeit, persönliche Macht architektonisch in unverschleierter Form zu demonstrieren.

VILLA UND EINFAMILIENHAUS IM ÖFFENTLICHEN BEWUSSTSEIN VON HEUTE

Allerdings herrscht über die heutige Villa keine klare Formvorstellung, man würde sich schwertun, den Unterschied zwischen einem »Einfamilienhaus« und einer »Villa« zu beschreiben, die Villa läßt sich meistens nur durch die soziale Stellung ihres Besitzers definieren. Renommeevorstellungen spielen in diesem Zusammenhang eine große Rolle.

Das Einfamilienhaus ist andererseits ein verwirklichbarer Traum der westlichen Zivilisation geworden. In ihm verkörpert sich immer noch eine Lebensform, die in der heutigen Villa nur auf »höherer« Ebene, luxuriöser verwirklicht wird. Das Einfamilienhaus soll größere Naturverbundenheit als das städtische Zinshaus, größere Selbständigkeit gegenüber den städtischen Organisationsformen bedeuten.

So sind Villa und Einfamilienhaus heutzutage nur mehr graduell unterschiedlich, sie entspringen scheinbar ähnlichen Intentionen.

9

Prestige und Macht müssen schon vorhanden sein, wenn man über ein Einfamilienhaus oder eine Villa spricht. Mit anderen Worten, solche Objekte können sich nur wirtschaftlich Bessergestellte leisten.

Villa und Einfamilienhaus werden in der Öffentlichkeit nicht unmittelbar registriert, denn sie liegen am Rande – wenn nicht abseits – von öffentlichen Räumen. Daher verkörpern sie heute noch Freiheit und Flucht. Der Mächtige möchte in seiner Villa, der durchschnittliche Bürger in seinem Einfamilienhaus möglichst frei, d. h. unkontrolliert sein. Diese private Sphäre dient zur Flucht aus der Wirklichkeit des Alltagslebens.   *Villa in Tullnerbach, Irenental.*

I

Fassadendetail einer Villa in Baden,
Helenenstraße.

Villa und Einfamilienhaus erscheinen daher als Verwirklichung einer Sehnsucht und Idylle. Denn sie sind gegenwärtig und doch entfernt. Die Naturverbundenheit durch größere oder kleinere Gärten ermöglicht den Besitzern solcher Objekte eine Abgeschiedenheit in unmittelbarer Nähe der Zivilisation.

Somit sind Villa und Einfamilienhaus gleichzeitig Widerspruch und Lösung: Sie stellen ein Zwischending zwischen städtischem und ländlichem Dasein dar, sie sind aber auch scheinbar die beste architektonische Lösung in der Konfliktsituation zwischen notwendiger industrieller Abhängigkeit und erwünschter romantischer Freiheit.

Alle die vorhin kurz angedeuteten psychologischen und soziologischen Phänomene lassen sich durch eine historische Analyse von Villa und Einfamilienhaus seit dem 18. Jahrhundert verständlicher machen. Diese Auseinandersetzung

Villa in Weidling bei Klosterneuburg.

3

4

Gartenhaus der Villa »Antonia« in Baden.

5

Fassadendetail einer Villa in Tullnerbach.

6

Fassadendetail einer Villa in Tullnerbach.

muß in diesem Rahmen allerdings kurz bleiben, sie möchte jedoch einige kulturwissenschaftliche Anregungen für ein bis jetzt noch sehr stiefmütterlich behandeltes Kapitel der österreichischen Architekturgeschichte geben.

Einen besonders wichtigen Grund liefert für eine solche Beschäftigung das zunehmende wissenschaftliche und öffentliche Interesse an der historischen Ästhetik von Villenbauten der Gründerzeit und des frühen 20. Jahrhunderts. Diese Objekte werden heute schon als attraktive Bestandteile der Landschaft oder des halbländlichen Stadtrandes wahrgenommen, ihre Erhaltung wird allmählich gefordert, denn sie sollen wichtige Zeugnisse eines ästhetisch verstandenen kulturellen Erbes darstellen. Damit entsteht aber ein Widerspruch: Solche Bereiche müßten geschützt werden, die ursprünglich einen sehr geringen Öffentlichkeitscharakter aufweisen, einen bedeutend geringeren als geschlossene städtische Bebauungen. Das gegenwärtige öffentliche Interesse soll also in solche Bereiche eindringen, wo heute noch ein wenig kontrollierter Freiheitsraum geschätzt wird, wo öffentliche Macht in privater Sphäre versteckt bleiben möchte.

Das andere Problem ist, wieweit Gründerzeitvillen als isolierte ästhetische Objekte oder als Bestandteile einer Kulturlandschaft zu sehen sind, deren Erhaltung jedermanns Sache ist. Der Ensemblebegriff der Denkmalpflege erfährt im Zusammenhang mit Gründerzeitvillen eine ungeheuerliche räumliche Erweiterung, deren Konsequenzen noch nicht abzusehen sind.

In der Umweltschutzbewegung wird oft genug mit dem fast propagandistischen Slogan von der »Verhüttelung der Landschaft« gegen die Abertausenden Einfamilienhäuser gekämpft. Sie verunstalten die ursprünglich schöne Landschaft, diese wird zersiedelt, und gewachsene Einheiten werden in zunehmendem Maße zerstört. Dagegen aber die Bauten der Vergangenheit: Sie passen angeblich in die Landschaft, sie runden sogar diese ab, durch sie werden landschaftliche Qualitäten verdichtet und erhöht.

Nun ist aber sehr interessant, daß zur Zeit der Begründung der modernen Denkmalpflege – also um 1900 – die Villenbereiche der Gründerzeit genauso katastrophal und landschaftsfeindlich empfunden wurden wie die »hüttenartigen« Einfamilienhäuser heute. Paul Schultze-Naumburg schreibt in seiner 1905 veröffentlichten Flugschrift »Die Entstellung unseres Landes« wortwörtlich[1]: »Wie entsetzlich phantasie- und formlos wirken dagegen unsere heutigen Villenstraßen mit ihren uniformen Vorgärten, die zu nichts taugen, und ihrem Sammelsurium von Stilvillen. Sowohl draußen vor der Stadt, als in den geschlossenen Straßenzügen der inneren Stadt hat man vollkommen all die reichen Möglichkeiten vergessen, durch die eine Straßenflucht interessant und belebt wurde. Wo früher Mauern, Torwege, Höfe und nebengelagerte Plätze ein reichgegliedertes Bild gaben, werden heute die Häuser sinnlos isoliert oder es werden durch ein langweiliges Schema Lücken zwischen die einzelnen Häuser gerissen, die aussehen wie Zahnlücken und die dem Eintritt von Luft und Licht dienen sollen. Aber auf wie armselige und nüchterne Weise ist dies so einfache Resultat erreicht«.

Und eine Gründerzeitvilla wird von Schultze-Naumburg folgendermaßen charakterisiert: »Auch das ist ein Haus, wie es sich nur ein wohlhabender Mann bauen kann. Es war aber einer aus unseren Tagen. Beschauen wir es uns einmal ganz vorurteilsfrei. Wird uns warm ums Herz? Empfinden wir überhaupt etwas? Motive, Motive, sinnlos zusammengetragene Motive von allem Möglichen, was als mustergültig in den Bauschulen gelehrt wird. Deutsche Renaissance ist mustergültig. Hier hast du Motive aus deutscher Renaissance. Italienische Renaissance ist auch mustergültig, es kann auch damit gedient werden. Ist es ein Bau, der gewachsen ist? Ein Bau, der sich einer menschlichen Existenz um- und anschließt, wie ein Kleid? Für mich ist es ein plebejischer Kasten, der gerade so kalt ist, wie das eiserne dünne Gitter darum. Ist es aber etwa ein Monstrum, das selten zu finden wäre in unseren Gauen? Steht es nicht an allen Straßen?«

Damals wurden die gründerzeitlichen Villen eindeutig als Elemente der »Verhüttelung der Landschaft« verstanden, es wurde gegen sie mit sehr ähnlichen Argumenten gekämpft wie heute gegen moderne Einfamilienhäuser. Es wäre grundsätzlich falsch, dieser Ähnlichkeit nicht nachzugehen. Es wäre ebenso falsch, die Villen des 19. Jahrhunderts in die ideale Sphäre einer »heilen Welt« zu rücken und sie nur mehr als Objekte einer rein ästhetischen Betrachtung in die öffentliche (und somit auch wissenschaftliche) Auseinandersetzung mit einzubeziehen. Sie sind Produkte einer zwiespältigen Ästhetik, die Entzücken und Kritik an Landschaft und Architektur seit dem 18. Jahrhundert immer wieder parallel zum Ausdruck gebracht hat.

Rund siebzig Jahre vor Paul Schultze-Naumburg war es Karl Friedrich Schinkel, der in einem Brief im Jahre 1836 folgendes geschrieben hat[2]: »Es erregt Ekel, wenn man sieht, wie die ungeschliffenen Gestalten hoher Spitzdächer und Mansarden über glatten Kasernenfassaden sich an der romantischen Situation neben den edlen, naiven antiken Alpenhütten brüsten in ihrer Gemeinheit und den ganzen Eindruck eines Orts wie Wildbad-Gastein nach und nach zu vernichten drohen, zum Teil schon vernichtet haben. Diese Architektur, welche jeden individuellen Gedanken verbietet, niemanden mehr die Lust gönnt, einen behaglichen eigenen Einfall auszuführen, sondern alles unter die gemeine Form allpäßlicher Nützlichkeit und allgemein geltender Uniform zwingt, ermangelt dadurch allen Elements schöner Kunst der Mannigfaltigkeit und nimmt sich besonders miserable vis-à-vis der großartigen Natur und in Gesellschaft ursprünglicher Bauart, wie sie hier noch existiert, aus. Aber die Progressen, die sie hier macht, sind für die Fremden von Sinn wahrhaft schreklich«.

Die Ablehnung der landschaftverunstaltenden zeitgenössischen Architektur war also wesentlich älter als die Kritik der Heimatschutzbewegung um 1900. Sie entwuchs einer Naturästhetik, die als Reaktion auf die zunehmende industrielle Veränderung der Umwelt immer schon scharf formuliert wurde. Man kann noch weiter zurückgehen, wenn man diese kritisch-ästhetische Einstellung zur Natur verfolgen möchte. Claude-Nicolas Ledoux – der berühmte französische Revolutionsklassizist – hatte schon um 1800 die verschiedenen Luxus-Molkereien,

Villa »Unsere Hütte« am Semmering.

Villa in Baden, Helenenstraße.
Architekt: H. Peschl.

9

*Eingangsfront eines Landhauses in
Hofstatt bei Neulengbach.*

Einsiedeleien und andere Gartenpavillons in den Landschaftsgärten als Entartungen gegen Natur und Vernunft verurteilt[3]. Die in diesen Kritiken angedeutete Problematik ist von dem architektonischen Problem der Villa und des Einfamilienhauses nicht zu trennen. Die Rückbesinnung auf diese historische Entwicklung sollte unser heutiges Verhältnis zur »Verhüttelung« – d. h. Zersiedlung – der Landschaft klären.

Eine aus nostalgischen Motiven erneuerte, historisch nur quantitativ erweiterte ästhetische Betrachtung würde bloß zur Verschleierung unserer gegenwärtigen Situation führen. Wenn die Villen des 19. Jahrhunderts nicht als Hinweise auf soziale Probleme verstanden werden, wird unser Verhältnis zur Landschaft weiterhin verunklärt. Es kann dann passieren, daß heutige Einfamilienhäuser in fünfzig Jahren (oder schon früher) ebenfalls als ästhetische Bestandteile der Natur versöhnlich wahrgenommen werden. Die Villa ebenso wie das Einfamilienhaus ist ein Produkt einer Krise zwischen Stadt und Land, die (spätestens) seit dem 18. Jahrhundert eine immer gewaltigere Dimension nimmt. Wenn diese Krise in einer historischen Analyse nicht freigelegt, sondern ästhetisch verdeckt wird, bleibt dann die gegenwärtige Situation weiterhin unbewältigt. Die Villa, »die heute noch als Kümmerform in end- und gesichtslosen Streusiedlungen dem ›kleinen Mann‹ Besitz, Freiheit und gesundes Leben verspricht, hat einen langen Verwandlungsprozeß hinter sich«[4]. Dieser Verwandlungsprozeß soll im folgenden mit einigen Gesichtspunkten kurz erörtert werden.

Erst zu Anfang der Neuzeit wird die Natur in ihrer ästhetischen Dimension als Objekt der künstlerischen Betrachtung begriffen und erfahrbar gemacht. Die Villa ist ein architektonisches Produkt langwieriger Prozesse, die mit der ästhetischen Entdeckung der Natur im Zusammenhang stehen. Joachim Ritter[5] und Michael Müller[6] haben sich eingehend mit dem Begriff »Landschaft« beschäftigt und aufgezeigt, daß eine Objektivierung der äußeren Natur im Gegensatz zum universalen Physisbegriff des Mittelalters etwa seit Dante und Petrarca bemerkbar wird. Petrarcas Bergbesteigung wird von Ritter als entscheidendes Ereignis der europäischen Kulturgeschichte hingestellt, denn hier wird das erste Mal ein »Bewundern des Irdischen« zum Ausdruck gebracht. Ritters Fragestellung lautet: »Was zwingt den Geist dazu, auf dem Boden der Neuzeit ein Organ für die Theorie der ›ganzen‹ Natur als des ›Göttlichen‹ auszubilden, mit dem diese als Landschaft nicht im Begriff, sondern im ästhetischen Gefühl, nicht in der Wissenschaft, sondern in Dichtung und Kunst, nicht im transcensus des Begriffs, sondern in ihm als dem genießenden Hinausgehen in die Natur vergegenwärtigt wird?« Mit dieser Formulierung ist auch die Frage nach der Vorherrschaft der Ästhetik angedeutet, die jedoch von Ritter nicht beantwortet wurde. Der Drang nach individueller Freiheit und Erfassung einer Totalität bedeutet mehr Rätsel als Antwort.

Müller versuchte das Problem nicht von der individuellen Seite, sondern vom gesellschaftlichen Zusammenhang her zu lösen. Das grundsätzliche Kriterium im Verhältnis zwischen Mensch und Natur sieht er in der gesellschaftlichen Arbeit[7]: »›Menschliche Arbeit‹, verstanden als eine bewußte und zweckmäßige Tätigkeit des Menschen, durch die hindurch er dem Naturstoff gegenübertritt, bezeichnet demnach den ›zentralen Vermittlungsprozeß zwischen Natur und Gesellschaft‹. Durch die Arbeit und unter Zuhilfenahme von Arbeitsmitteln und -gegenständen wirkt der Mensch auf die Natur ein. Und wie er die Natur dabei verändert, verändert er zugleich auch seine eigene Natur«. So gesehen wird die ästhetische Komponente in der Erfahrung der Natur nicht zum Selbstzweck, sondern sie dient vielmehr als Mittel zur wirksamen Vergesellschaftlichung der als Landschaft verstandenen Natur. Das »genießende Hinausgehen« (Ritter) und die naturverändernde Arbeit (Müller) – als Freiheit und Notwendigkeit – geraten seit dem Beginn der Neuzeit in eine Spannung. Seit dem späten 18. Jahrhundert kommt der ästhetischen Komponente überdies die Aufgabe zu, im Feld der sozialen Gegensätze versöhnlich zu wirken.

Interessant ist dabei die Feststellung Schillers (1795), daß »der Mensch überhaupt erst dann ›jedem Schrecknis der Natur‹ überlegen sei, sobald er ihm ›Form zu geben und es in sein Objekt zu verwandeln weiß‹«[8]. In diesem Zitat ist auch die stark voranschreitende Entzweiung zwischen Mensch und Natur ausgedrückt. Nicht zufällig, daß in dem bis heute noch gültigen ästhetischen Landschaftsbegriff Verschönerung und Ausbeutung nebeneinander Platz finden. Denn Landschaft ist gleich Aktionsraum bürgerlicher Freiheit und Nutzraum kapitalistischer Gewinnsucht. Landschaft kann »in der Kunstanschauung in ›unriskanter‹ Präsenz erfahren werden: als ästhetisches Phänomen erscheint sie weniger ›bedrohlich‹«[9]. Demnach können wir .die Villa (und damit auch das Einfamilienhaus) – als spezifisches Objekt einer ambivalenten Symbolik von Freiheit und Unterwerfung – nicht allein als Sinnbild der genießenden Beherrschung, sondern auch der rücksichtslosen Besitznahme der Natur begreifen. In der zeitgenössischen Literatur der Zeit um 1800 werden nämlich die Schönheit und der Nutzen der Landschaft mit gleicher Intensität vorgetragen. Die Villa ist seit dem späteren 18. Jahrhundert in zunehmendem Maße dazu berufen, als ästhetische Stimmungsarchitektur »die Entzweiung zwischen Mensch und Natur, zwischen seiner inneren Freiheit und der äußeren Notwendigkeit aufzuheben«[10].

Diese nur summarisch angedeuteten Thesen über den ästhetischen Landschaftsbegriff lassen sich mit zahlreichen Quellentexten aus einer reichhaltigen Topographie-Literatur bestätigen und untermauern, in der die »Umgebungen« oder »Gegenden« Wiens als eine neue Landschaftseinheit seit dem späten 18. Jahrhundert beschrieben und reflektiert werden. F. A. Gaheis, J. G. Wiedemann, J. Pezzl und A. Schmidl haben nicht nur Beschreibungen geliefert, sondern auch über soziale und künstlerische Phänomene sich den Kopf zerbrochen, die mit der neuentdeckten Wiener Landschaft zu tun hatten.

Gaheis widmete sein Büchlein »den Freunden des ländlichen Vergnügens«

10

Detail der Eingangstür eines Landhauses in Maria Anzbach.

(1974) und war bestrebt, ein komplexes Bild über die Wiener Gegenden zu entwerfen[11]: »Einige Gegenden haben wir für die bloß empfindsamen Leser mit malerischen Farben geschildert, andere sind wieder für die Liebhaber der Alterthumkunde, andere für die Freunde der Topographie dargestellt«. Wiedemann schreibt 1805[12]: »Man darf beinahe behaupten, daß die Wiener selbst, so wie die Fremden, erst seit zwanzig oder dreissig Jahren Oesterreichs Naturschönheiten kennen und schätzen lernten; denn vor jener Zeit wußte man nichts von Ausflügen aufs Land oder in die Gebirge. Noch viel später fing man an, öffentlich über die Gegenden zu schreiben«. Oder Pezzl (1807)[13]: »Indessen sind die Gegenden um Wien von der Natur so gefällig begünstigt, daß manche derselben bloß durch ihre natürlichen Reize für den Mann von Gefühl interessant genug ist . . .«

Es sind nur einige von den zahlreichen Schriften an dieser Stelle zitiert; sie alle bezeugen jedoch eine plötzliche Zuwendung zur Wiener Natur, die durch solche Beschreibungen allmählich in Besitz genommen wird. Ein großer Raum wird hier für den »Städter« attraktiv gemacht, und es ist kein Zufall, daß – als Ergebnis der genießenden Wanderungen – auch eine halbstädtische Besiedlung der Wiener Gegenden beginnt. Die Konfrontation der Stadt mit dem Land ist freilich auch in Wien nicht problemlos. Wiedemann schreibt ausführlich »uiber die Sucht der Städter, auf dem Lande sich anzusiedeln und ihre Verhältnisse zu den Landleuten« (1805). Seiner Meinung nach irrt sich der Städter, wenn er mit Illusionen aufs Land geht[14]: »Das Land ist weder ein Arkadien, bevölkert mit den Geschöpfen Bions, Virgils oder Geßners, wo die Menschen nicht für sich und ihre Kinder zu sorgen brauchten . . . Bloß der schnelle Uibergang aus der Schäferwelt der Phantasie in die wirkliche unter Menschen begleitet seine Entzauberung mit zu grellen Wirkungen auf sein Herz. Das Landleben wähnt er sorgenfrei, und hofft die Träume seiner Phantasie noch übertroffen zu sehen . . .«

Besser könnte man die Motivation, aber auch die Widersprüchlichkeit der städtischen Landhausarchitektur nicht charakterisieren! Wiedemann übte auch Gesellschaftskritik, wenn er schrieb: »Natürlich rede ich hier nicht von jenen glücklich seyn Könnenden, denen ein günstiges Schicksal erlaubt, die Freuden der Stadt mit jenen des Landes zu verbinden, und so nun den Honig vom Leben herabzuschlürfen, die bittere Neige aber durch bezahlte Mitmenschen ausnippen zu lassen . . .« Damit wurde eindeutig ausgesprochen, daß der störungsfreie Genuß der Natur nur den Besitzenden gewährleistet ist und daß der einfache Städter seine Sucht, sich auf dem Lande anzusiedeln, nur sehr schwer verwirklichen konnte.

Durch die Entwicklung der Verkehrsverhältnisse und durch den beschriebenen Drang zur ästhetisch begriffenen Natur bringen jedoch die ersten dreißig Jahre des 19. Jahrhunderts eine starke Erweiterung der Stadt auf dem Land. Schmidl schrieb 1835[15]: »Seitdem wurde es allgemein Mode, im Sommer auf das Land zu ziehen, und Landhäuser aller Art entstanden in den letzten zehn Jahren in einer Schnelligkeit und Menge, die dennoch den immer wachsenden Bedürfnissen nicht genügt«... »Seither fanden sich sogar mehrere Beamte kleineren Gehalts,

II

Fassadendetail einer Villa in Neulengbach.

welche früher nicht im Stande eine Familie zu ernähren, jetzt zu heirathen wagten, und außer den Linien Wiens ein beschränktes, aber durch häusliche Freuden erheitertes Leben führen, da der erleichterte Verkehr ihnen diese Entfernung erlaubt.« Mit dem Hinausströmen aus der Stadt aufs Land müssen Gegenden, die bis dahin als Ziel der Ausflüge galten, an Naturattraktivität verloren haben, und Schmidl möchte das Wiener Publikum in weiter entferntere Gegenden locken: »In der That, es ist Zeit, daß der Wiener aufhöre, Baden zum immer wiederkehrenden Endpunkte seiner Lieblingsausflüge selbst auf mehre Tage lang zu machen!«

So bedeutet also die Entdeckung der Wiener Landschaften nicht nur Betrachtung, sondern auch wohl konkrete Besitznahme, der vorerst keine Grenzen gesetzt werden. Die Grundsteine zur »Verhüttelung der Landschaft« wurden also spätestens im frühen 19. Jahrhundert gelegt. Die Landschaft als ästhetisch begriffene Natur hörte ab dann nicht mehr auf zu locken, dem Wanderer (auch in übertragenem Sinne) eröffnete sich die Welt. Wiedemann stellte ein Gedicht in seinem Buch vor die Beschreibung von Baden; eine Strophe sei davon hier zum Schluß dieses Kapitels zitiert:

»Der poetische Pilger«[16]

»So wallt beglückt er durch der Erde Fluren,
Zum Tempel klärt sich jedes Thal ihm auf;
Zerstörung selbst zeigt ihm der Schönheit Spuren,
Zeigt nur der Urkraft regen Zirkellauf.
Des Menschen Ernst wird ihm ein Spiel der Bühne,
Die Szenen bilden Stadt und Berg und Hain;
Er selber tritt mit ruhevollem Sinne
In jener Spieler laute Reihen ein«.

In dem Moment, wo aus der Natur eine Spielbühne wird, muß die in diese bewußt gesetzte Architektur als Requisiten-Dekoration verstanden werden. Die Entzweiung von Mensch und Natur wird in diesem Gedicht ähnlich klar wie bei Schiller (Der Spaziergang, 1795) demonstriert. In letzterem wird ausgesprochen, daß »die notwendige und unaufhebbare Bedingung der mit der Stadt gesetzten Freiheit des Menschen die Verwandlung der ›umruhenden‹ Natur als Objekt menschlicher Herrschaft ist«[17].

»VILLA ODER MIETHS-KASERNE?«

Die Krise zwischen Stadt und Land, die schon um 1800 (Wiedemann) angedeutet wurde, ist nach der Mitte des 19. Jahrhunderts viel schärfer geworden. Es gibt zahlreiche Schriften, die sich mit diesem Problem auseinandersetzen. An erster Stelle ist Wilhelm Heinrich Riehl zu nennen, der in den fünfziger Jahren über den Lebensraum der deutschen Familie mehrere Werke verfaßte und schließlich 1861 das Buch »Land und Leute« veröffentlichte[18]. Seine durchaus konservativen Thesen (zurück aufs Land, zurück zu den vorkapitalistischen Lebensformen) haben eine große Wirkung auch auf Historiker und Architekten

ausgeübt. Die sozialen Phänomene, die sich im Zusammenhang mit der Entstehung der Großstadt im 19. Jahrhundert entwickelten, hatte er durchaus richtig gesehen, nur die Lösungsvorschläge waren oft recht naiv. Er schreibt unter anderem: »Zur Miethe wohnen ist aber durchaus nicht bäuerlich; in einem rechtschaffenen Dorf muß jede Familie ihr eigenes Haus allein bewohnen und wäre es auch nur eine Hütte. So wie Miethsleute in die Häuser ziehen, zieht auch die Stadt auf's Land«.

Riehl wird noch deutlicher, wenn er über die neuen Siedlungs- und Villengebiete am Mittelrhein spricht: »Wenn man z. B. am Mittelrhein eine ganze Reihe von Ortschaften findet, bei denen sich's gar nicht mehr genau unterscheiden läßt, ob sie eigentlich Städte oder Dörfer sind, so sind das Zwittergestalten, die der Teufel gesegnet hat, Denkmale politischer Ohnmacht und socialer Erschlaffung, Urkunden für die Ausgelebtheit des Landes und die Widernatürlichkeit seiner Zustände. Solche Dorf-Städte sind dann in der Regel nicht der Sitz von Bürgern und Bauern neben einander, sondern vielmehr von bürgerlichen und bäuerlichen Proletariern«. Es handelte sich offenbar hier um frühe Stadtrandsiedlungen, die eine Begleiterscheinung der großstädtischen Entwicklung bedeuteten. Riehls Schlußfolgerung lautet: »Europa wird krank an der Größe seiner Großstädte«.

Etwa zu dieser Zeit erschienen in Wien und Berlin zwei wichtige programmatische Schriften, die in dieser Krisensituation mit Lösungsvorschlägen aufgetreten sind. Eitelberger und Ferstel verfaßten »Das bürgerliche Wohnhaus und das Wiener Zinshaus« 1860, Max Schasler schrieb in der Deutschen Kunst-Zeitung »Die Dioskuren« einen langen Artikel mit dem Titel »Villa oder Miethskaserne?« 1867. In allen beiden Schriften wurde fast leidenschaftlich für das Einfamilienhaus bzw. die Villa Partei ergriffen und heftig gegen die Mietskasernen polemisiert. Die sozialen Sitten-Theorien von Riehl dürften in diesem Zusammenhang Pate gestanden haben. Schon 1858 hielt Eitelberger einen Vortrag »Über Städteanlagen und Stadtbauten«, wo er ausdrücklich für die »Gemüthlichkeit« der Stadt eingetreten ist[19]: »Aber anders ist es mit Wohngebäuden, anders mit der Frage, in wie weit Garten- und Baumanlagen mit Stadtbauten in Verbindung gebracht werden sollten. Da ist die Frage der physischen und psychischen Gesundheit sehr wohl in Ueberlegung zu ziehen. In einer Stadt soll es, wie in einem Hause, wohnlich sein, und damit sie wohnlich genannt werden kann, müssen die Formen, die Anlagen wohltuend auf unser Gemüth wirken«.

In der Folge stellten dann Eitelberger und Ferstel in der schon erwähnten Schrift fest, daß für das gesunde Familienleben das Zinshaus total ungeeignet ist[20]: »Das unselige Zwitterding, das zwischen Palast und dem bürgerlichen Wohnhaus steht, das Zinshaus, wie wir es in seiner ganzen Unnatur in Wien sehen, ist nicht im Stande, ein Ersatzmittel für jene zu bieten« (nämlich für die bürgerlichen Familienhäuser). Man muß die sozialkritische Haltung dieses Werkes besonders hervorheben: »Um sich herum sieht er (nämlich der Bürger) nichts als Speculationsbauten, kolossale Häuser, berechnet ein großes Capital zu verzinsen und nicht darauf berechnet, den Menschen die Wohnung wohnlich zu machen«.

26

Verandavorbau einer Villa in Baden,
Marchetstraße.

Schasler formuliert die Frage so[21]: »Villa oder Miethskaserne? d. h. mit anderen Worten: Soll, bei der durch die stetige Zunahme der Einwohnerzahl in großen Städten nöthig werdenden Vergrößerung und Ausdehnung, in die Höhe und Tiefe oder aber in die Breite gebaut werden?« Die Sehnsucht nach reiner Natur spielte bei der Entscheidung dieser Frage eine große Rolle: ». . . die Sehnsucht des Großstädters nach einer Existenz, in welcher auch er Muße findet, Mensch zu sein und sich als solcher zu empfinden, in welcher er, unberührt von dem betäubenden und nervenerschütternden Geräusch jener großen Maschinerie, deren mächtiger, tausend klappernde Räder in Bewegung setzender Hebel ›das Geschäft‹ ist, nur seiner Familie und sich selber lebt und mit der reineren Luft auch reinere Gefühle athmet«. Damit wurde aber auch für die isolierte Familienidylle Stellung genommen, deren Konsequenzen damals noch überhaupt nicht begriffen wurden. Das Ziel des Kampfes war es, die Vorherrschaft des Zinshauses zu brechen: »Denn wo einmal der Miethskasernenstyl seinen steinernen Fuß hingesetzt, da wächst in eigentlichem Wortsinne ›kein Gras mehr‹«. Schaslers Schlußfolgerung lautet: »In der Villa, selbst sie nicht von einer einzigen, sondern von zwei Familien bewohnt wird, entwickelt sich eine ganz andere, menschlich wahrere, gesellschaftlich innigere, überhaupt humanere Existenz . . .«

Sowohl Schasler wie auch Eitelberger und Ferstel basieren auf älteren Reformbewegungen, die – wie Stephan Muthesius überzeugend aufzeigt[22] – von England ausgehen, wo das Einfamilienhaus schon etwas früher als Idealtyp verwirklicht wurde. Die Villa als bis dahin rein herrschaftliche Lustarchitektur erfuhr seit der Mitte des 19. Jahrhunderts eine symbolische Erweiterung. Drückte sie vorher – seit dem späten 18. Jahrhundert – nur die romantische Sehnsucht nach ästhetisch begriffener Natur aus, wird sie in der zunehmenden Krisensituation rund um die Großstadt eine alternative Form für geplante städtische Erweiterungen. Wie schon gesagt, Landschaft sollte nicht nur betrachtend genossen, sondern auch be-(oder zer-)siedelt in Besitz genommen werden. Die vorhin zitierten Schriften sind von der Angst geleitet, daß die proletarische Lebensform in den Städten die bürgerliche bedroht. Eitelberger und Ferstel schrieben ausdrücklich, daß durch die Errichtung von Familienhäusern der Mittelstand gestärkt werden sollte.

In der zweiten Hälfte des 19. Jahrhunderts vollzieht sich die massenhafte Verbauung der Wiener Gegenden, und dieser Prozeß ist heute noch nicht abgeschlossen. Schon 1874 konnte E. H. d'Avigdor schreiben[23]: »Das Aeußere von Landwohnungen und Villen wird vielleicht nirgends so geschmackvoll ausgeführt, wie in Österreich. Trotz der vielen häßlichen Zins- und Bauernhäuser bietet die Umgebung von Wien in dieser Beziehung einen schlagenden Beweis der Überlegenheit.« Und weiter: Gegen englische und französische Landhäuser »wirken die hübschen kühlen Schweizerhäuschen Österreichs, mit ihren aus Holz geschnitzten Geländern und ihrer mit Schlingpflanzen bedeckten Facade wahrhaft erquickend. Es liegt in diesen Villen gerade die Einfachheit, deren Mangel an Wiener Häusern gerügt wurde . . . Damit will ich nicht behaupten, daß ein Wiener

Zinshaus in demselben Styl gebaut werden soll, wie ein Cottage . . .« Dieses Zitat
bestätigt die Vermutung, daß in der Wiener Umgebung um 1870 das Cottage oder
Schweizerhaus schon ein Begriff gewesen ist, den man im Kampf gegen die
Mietkaserne eingesetzt hatte. Die zahlreichen kleinen Villen der Wiener Berge, die
noch ohne Siedlungsplanung sich wie Pilze verbreiteten, waren die spontane
Ausdrucksform eines Selbständigkeitsdranges und der Flucht aus der erdrücken-
den Lebenswirklichkeit der Großstadt.

Zu dieser Zeit – also um 1870 – setzten aber im Wiener Raum auch die ersten
organisierten Villensiedlungen ein; es sei auf die schon hinlänglich bekannte
Währinger Cottagebewegung nur kurz hingewiesen[24]. Aber auch in Mödling gibt
es ein Beispiel für solche Anlagen. Die kleine Stadt war im Laufe des
19. Jahrhunderts durch zwei wichtige Komponenten in ihrer Entwicklung
bestimmt: Die Aufgabe von Sommerfrische und Industrie mußte Mödling mit
gleicher Intensität erfüllen; daraus entstanden große siedlungssoziale Probleme.
Dazu kam noch die berühmte politische Auseinandersetzung um den Wienerwald,
der durch den Journalisten und späteren Bürgermeister von Mödling, Joseph
Schöffel, gerettet wurde. Die Gefährdung dieser großen Naturlandschaft durch

14

Villa Kleinhans am Semmering.

29

die Spekulation von Holzindustrie und Bauparzellierung machte die Frage einer massenhaften Besiedlung dieses »Wohlfahrtswaldes« erst richtig aktuell[25].

Für Schöffel als Naturfreund war die »naturverbundene« Villa eine attraktive Bauform für seine kleine entwicklungshungrige Stadt in unmittelbarer Nähe von Wien. So organisierte er die Villenbesiedlung eines Raumes, der zwar optisch mit dem Wald in Berührung war, doch diesen nicht gefährdete. Zwischen der Altstadt und der Bahnlinie entstand in den siebziger Jahren die sog. Schöffel-Vorstadt, eine regelmäßig parzellierte Villenkolonie. Das erklärte Ziel Schöffels war hier – ähnlich wie im Fall des Währinger Cottage-Vereines – die Verhinderung der großkapitalistischen Bauspekulation und die Stärkung des antiproletarischen Kleinbürgertums.

Daß solche organisierte Vorformen der »Gartenstadtbewegung« im weiteren Wiener Raum in der zweiten Hälfte des 19. Jahrhunderts isoliert und selten blieben, hat mehrere historische Gründe. Vor allem die relativ späte allgemeine Industriealisierung und daher das Fehlen eines breiten Mittelstandes wirkte sich auf die Villenproblematik aus. Schöffel konnte mit seiner organisierten Villenkolonie die rasche und planlose Zersiedlung des Wienerwaldes nicht verhindern. Es gibt noch sehr wenige Untersuchungen über die bauliche Struktur der »Wiener Umgebungen« ab 1870, so blieben bis jetzt die Entwicklungstendenzen, die zu den heute eindeutig sichtbaren »Verhüttelungen« führten, weiterhin im unklaren.

15

Dachdetail einer Villa in Baden, Albrechtsgasse.

16

Fassadendetail eines Landhauses in Eichgraben, Hutten.

Die kleinbürgerliche Villa – von vielen zwar stürmisch als alternative Lebensform zur Mietkaserne begrüßt – konnte im 19. Jahrhundert keinen echten Durchbruch zu einer humaneren Lebensform erzielen. Während das großstädtische Zinshaus als Zerstörung der inneren menschlichen Natur angesehen werden konnte, wurde die Villa in zunehmendem Maße ein Mittel zur Zerstörung der äußeren, den Menschen umgebenden Natur.

Daß die ursprüngliche Herrschaftsvilla der Renaissance- und Barockzeit seit dem 18. Jahrhundert ad absurdum weitertradiert wird und zur alternativen Wohnform des Kleinbürgertums verwandelt werden konnte, basiert auf solchen geistesgeschichtlichen Phänomenen, die im folgenden untersucht werden müssen.

Einfache Häuser hat es schon immer gegeben; ärmere Handwerker und Bauern sowie auch Bürger haben im Mittelalter für ihre Wohn- und Wirtschaftsbedürfnisse immer schon einfache, unrepräsentative Häuser errichtet. Sie fielen nicht in den Interessenbereich der »monumentalen« Kunst, Repräsentation blieb den Kirchen und herrschaftlichen Profanarchitekturen vorbehalten. Bewußt künstlerische Planungskonzepte richteten sich nur selten auf die Gestaltung des einfachen Hauses, sie waren nur am Rande das Ziel der Kunstbetrachtung.

Die »Hütte« – als Urtyp der menschlichen Behausung – kam zwar in verschiedenen architektonischen Traktaten seit Vitruv vor, sie war jedoch nur als symbolische Form und nicht als konkrete künstlerische Aufgabe anerkannt. Sehr charakteristisch ist dafür die mittelalterliche Darstellung von »Adam's Hütte«, wo diese als nachparadiesische Existenzform allegorisiert wird[26].

Die Situation änderte sich erst dann grundlegend, als zu Natur und Geschichte ein neues Verhältnis entwickelt werden mußte. In der Frühphase des Kapitalismus – in verstärktem Maße seit dem 18. Jahrhundert – wurde das einfache Haus bzw. die Hütte zum ideologischen und künstlerischen Problem. Erst in dem Moment, wo die Natur vor dem Hintergrund neuer sozialer Verhältnisse im ästhetisch definierten Landschaftsbegriff eine neue gewaltige Dimension gewinnt[27], erscheinen plötzlich künstlich geplante Hütten als Lösungsvorschlag für Produktionsbetriebe und Freizeitgestaltung. In dem Moment, als Arbeit und Lust im Vordergrund der ästhetisch begriffenen Landschaft in sozialer Hinsicht neu bewertet und neu bemessen werden müssen, entstehen die »primitiven Häuser« als Programm und Illustration des neuen Geistes.

C.-N. Ledoux schreibt zur Erläuterung der von ihm entworfenen Köhlerhütte[28]: »L'ordonnance est simple; l'art n'a pas encore traversé ces déserts, et le luxe qui a l'initiative sur les passions destructives des moeures austères, ne les pas encore atteints; c'est dans cette habitation que le travail et le plaisir se concentrent, pour nous faire connoître les douceurs des associations sentimentales«. (Die Ordnung ist einfach; die Kunst hat diese Wüsten noch nicht durchkreuzt, und der Luxus – der die destruktiven Leidenschaften der rauhen Sitten initiiert – hat diese auch noch nicht erreicht; in dieser Behausung vereinigen sich die Arbeit und die Lust, um uns die Anmut der sentimentalen Assoziationen begreiflich zu machen.) Der Wille, zum Ursprünglichen zurückzukehren, war von der Notwendigkeit geleitet, für neue Aufgaben neue Formen zu suchen. Der romantische Wunsch, sich den Anfängen der Architektur zu nähern, hatte ein neues Lustgefühl erzeugt, das man als »Naturverbundenheit« empfand.

Erstaunlich ist es, daß sich typusmäßig die Dorfhütten des Adels im Bereich des Landschaftsgartens und die Serienhäuser für landwirtschaftliche Arbeiter im Rahmen modernisierter Produktionsstätten kaum unterscheiden. Die Sehnsucht, »ländlich zu leben« in einem Requisitenhäuschen, und die Notwendigkeit, in uniformierter Architektur produzieren zu müssen, treffen gelegentlich in formaler Hinsicht zusammen. Hier liegt eine der wesentlichsten Entwicklungskomponenten für die Problematik Villa und Einfamilienhaus zwischen 18. und

17

Gartentor der Villa »Trautheim« in Neulengbach.

20. Jahrhundert. Denn unabhängig davon, daß herrschaftliche Idealvorstellungen im Laufe des 19. Jahrhunderts das Mittel- und Kleinbürgertum zu immer kapriziöseren Miniaturschlößchen verleiten, lebt das Bedürfnis nach »ländlicher Einfachheit« im Hintergrund fort.

Die Tendenz zur formalen Vereinfachung der Herrschaftsvilla beginnt sich schon im 18. Jahrhundert abzuzeichnen, nämlich in dem Moment, wo die »Hütte« der Armen in den Stimmungsbereich der Reichen aufgenommen wird. Wie wir noch sehen werden, geraten immer mehr bäuerliche Architekturelemente in die herrschaftliche Stilapparatur der Villen, und um 1900 kehrt man vielfach zu dem zurück, was in formaler Hinsicht schon im 18. Jahrhundert in den verschiedenen adeligen Gartendörfern (Hameaus, Meiereien usw.) vorgezeichnet wurde. In den industriellen Arbeiter- und landwirtschaftlichen Koloniesiedlungen einerseits und in den Schweizer-, Holländer- oder Tirolerhäuschen der aristokratischen Landschaftsgärten andererseits zeichnet sich schon im späten 18. Jahrhundert dasjenige

Landwirtschaftliches Wohnhaus für York (nach D. Garret, 1747).

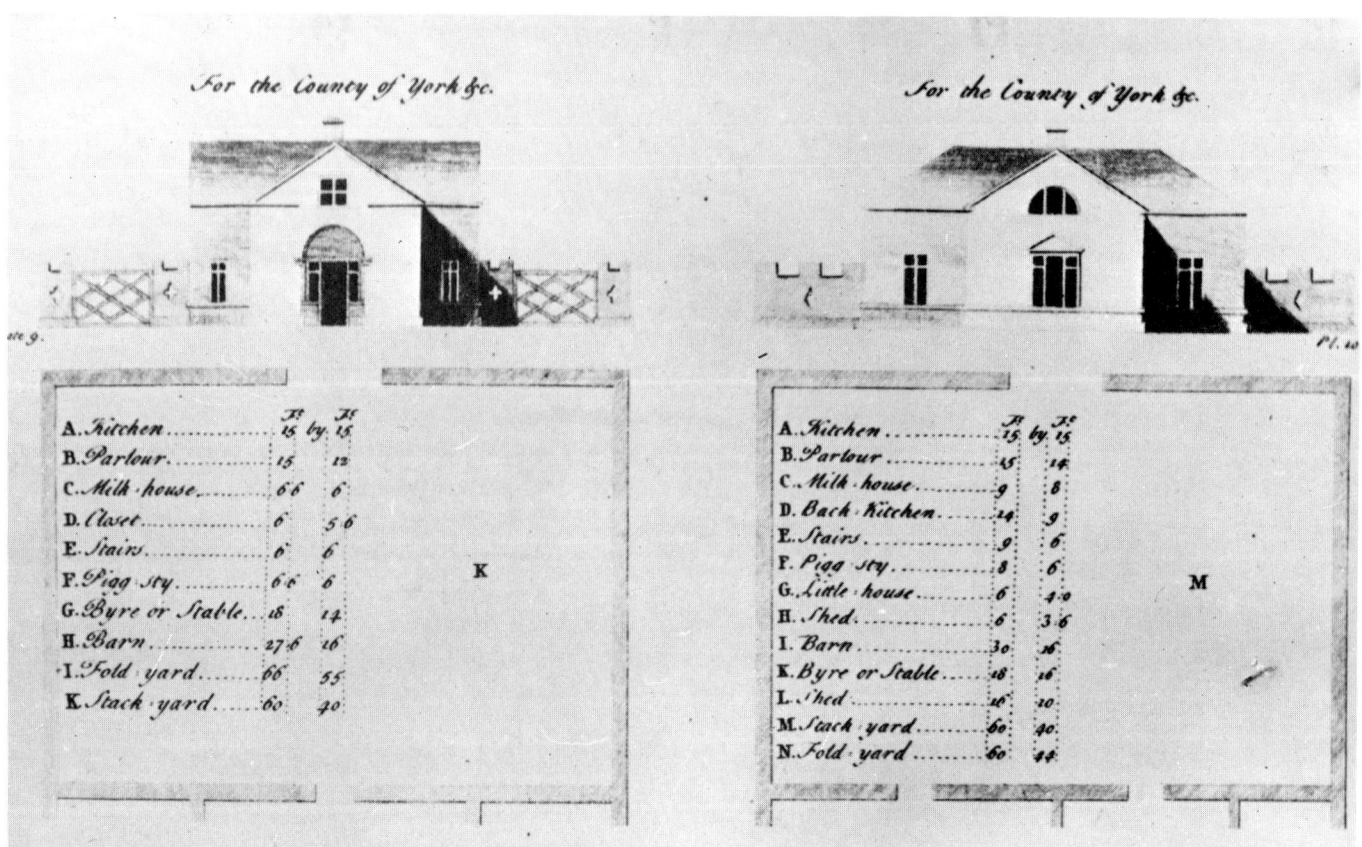

Einfamilienhaus (nach J. Soane, 1793).

Spannungsfeld ab, auf dem sich der stimmungsbeladene Villenbau des 19. Jahrhunderts zum landschaftsverhüttelnden Einfamilienhaus des 20. Jahrhunderts entwickelt.

In England läßt sich diese Entwicklung schon besonders früh und deutlich ablesen. Aufgrund der verschiedenen Architekturbücher, in denen das »Small English House«[29] zunehmend thematisiert wird, lassen sich drei große typologische Gruppen unterscheiden, wobei Überschneidungen oft nicht vermeidbar sind. In die erste Gruppe gehören die schmucklosen, einfachen Häuser zwecks Unterbringung von Arbeiterfamilien. Ein besonders frühes Beispiel ist das Buch von Daniel Garret *Abb. 18* (Designs, and Estimates, of Farmhouses, & c. for the Country of York, Northumberland, Cumberland, Westmoreland, and Bishopric of Durham, London 1747)[30]. Hinter dem klassizistischen Fassadenbild sind Vorschläge für »vernünftige« Grundrißdispositionen vorhanden.

In John Soanes Buch[31] (Sketches in Architecture, Containing Plans and Elevations of Cottages, Villas, and Other Useful Buildings, With Characteristic Scenery, London 1793) *Abb. 19* ist die Außenerscheinung des Hauses ohne jegliches Herrschaftsstilmerkmal gemäß den Fabriksarchitekturen gestaltet, ähnlich wie in John Woods Musterbuch[32], wo die angesprochene Gesellschaftsschicht auch im Titel zum Ausdruck gebracht wurde (A Series of Plans for Cottages or Habitations of the Labourer, Either in Husbandry, or the Mechanic Outs Adopted as Well to Towns as to the Country, London 1806) *Abb. 20*. Alle diese Pläne sind für serielle Produktion gedacht und zeugen von einer formalen Sachlichkeit, die auf dem Kontinent erst viel später auftritt. So ist die »sachliche« Villa in England schon um die Jahrhundertmitte für Klein- und Mittelbürgertum eine akzeptierte Bauform, *Abb. 21* (vgl. dazu J. C. Loudon, An Encyclopaedia of Cottage, Farme and Villa Architecture and Furniture, London 1842)[33].

Die zweite Gruppe entwickelt sich aus den exotischen und romantischen Gartenpavillons der aristokratischen Landschaftsgärten. Pittoreske, manchmal bizarre Formgestaltung zeichnet diese Bauten aus, deren Stilsprache hauptsächlich von mittelalterlichen und fernöstlichen Bauten inspiriert wurde. Als frühes Beispiel dieser Gruppe ist das Vorlagenbuch von William & John Halfpenny zu nennen[34] (Chinese and Gothic Architecture Properly Ornamented . . ., London 1752) *Abb. 22*. Daß der gotische Stil im 18. Jahrhundert als der am stärksten

20

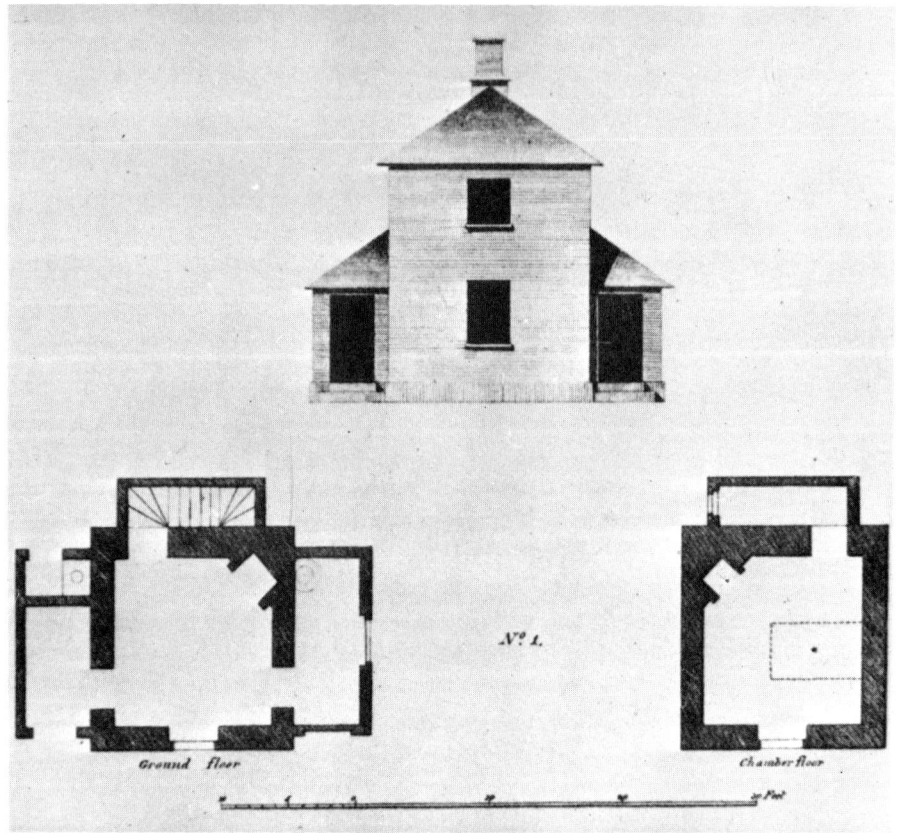

Arbeiterwohnhaus (nach J. Wood, 1806).

21

Einfamilienhaus (nach J. C. Loudon, 1842).

22

»Chinesisches Haus«
(nach W. & J. Halfpenny, 1752).

naturverbundene empfunden wurde, zeigt ein Borkenhaus in Henbury[35] (Blaise Castle Estate) *Abb. 23,* errichtet 1791 von H. Repton, an dem die bäuerliche Einfachheit mit einer gotisierenden Blendmaßwerköffnung bereichert wurde. Ein anderes Beispiel datiert aus 1805: schlichter Villenbau mit Zinnen und gotisierenden Fensteröffnungen *Abb. 24* (Richard Elsam, An Essay on Rural Architecture, Illustrated With Original and Oeconomical Designs; to Which are Added, Rural Retreats and Villas in the Gothic, Castle, Roman, and Grecian Styles of Architecture, London 1805)[36]. Auffallend ist es, daß neben dem Begriff »gothic« für diese Gruppe die Stilbezeichnung »castle style« immer häufiger verwendet wird. Ein Schloß – wenn auch in Miniaturform – auf dem Land zu besitzen wird ab 1800 in England auch für nichtaristokratische Gesellschaftsschichten ein verwirklichbarer Traum. Die Nachfrage muß groß gewesen sein, das beweist die große Zahl von Vorlagenbüchern, deren Ziel ein serielles Reproduzieren von verschiedenen Typen war. Die Objekte werden als »decorated cottages« oder als »ornamental villas« bzw. »rural retreats« bezeichnet, und damit ist der Charakter einer Lustarchitektur zum Ausdruck gebracht.

In die dritte Gruppe gehören solche Kleinhäuser, für die das Bauernhaus in seiner romantischen Verklärtheit die Vorlage bedeutete. In diesem Zusammen-

23

»Borken-Haus« im Blaise Castle Estate, Henbury, England (erbaut 1791).

38

24

Landhaus (nach R. Elsam, 1805).

hang bietet der aristokratische Landschaftsgarten schon im Laufe des 18. Jahrhunderts eine Reihe von Meiereien, Hameaus und Schweizerhäuschen, die nicht nur in England in Mode waren. Im zweiten Viertel des 19. Jahrhunderts erscheinen plötzlich mehrere Schweizerhausmodelle in verschiedenen englischen Architekturbüchern. Besonders hervorzuheben ist das Buch von P. F. Robinson (Design for Ornamental Villas, London, zwischen 1827 und 1836 drei Auflagen), in dem der Begriff »swiss cottage« *Abb. 25 und 26* fest verankert ist[37]. In dem Buch Domestic Architecture . . ., London 1842[38], verfaßt von R. Brown, findet man den Querschnitt eines zur bürgerlichen Villa umgestalteten Schweizerhauses *Abb. 27*. In formaler Hinsicht handelt es sich nicht um »echte« Schweizerhäuser, sondern um ihre romantische Transformation. So kommen z. B. Turm oder tapezierte Innenräume als Elemente einer »Entfremdung« in die bäuerliche Vorlage.

Die Geschichte des Schweizerhauses[39] – ausgehend von den künstlich errichteten adeligen Dörfern – ist für die Stilproblematik des Villenbaues im 19. Jahrhundert eine besonders wichtige Komponente. (Der seit dem 18. Jahrhundert vorhandene Typ des Arbeiterwohnhauses kommt auf dem Kontinent erst im späteren 19. Jahrhundert – im Laufe der Gartenstadtbewegung[40] – als eine Facette des spätgründerzeitlichen Villenbaues stärker zum Ausdruck.) Das Schweizerhaus wurde schon im ersten Drittel des 19. Jahrhunderts in Europa zu einem Begriff des naturverbundenen Hauses schlechthin; seine Geschichte beginnt ebenfalls im 18. Jahrhundert, und es lebt heute noch – freilich in veränderten und

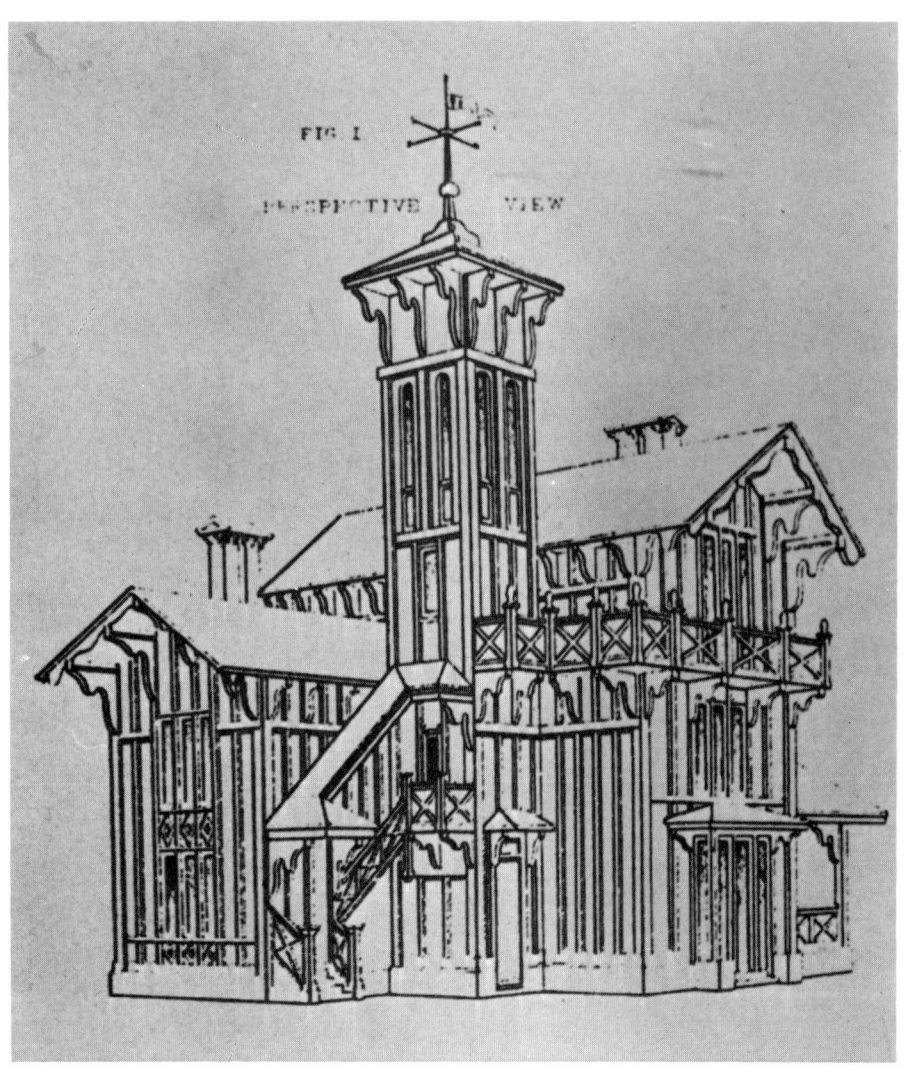

»Swiss Cottage« (nach P. F. Robinson, 1827).

vereinfachten Formen – als Wunschtyp städtischer Besiedlung im ländlichen Raum fort.

Da der Städter die bäuerliche Architektur immer als integrierten Bestandteil der Natur in einer ästhetischen Einheit gesehen haben wollte, kam ihm das Bauernhaus als besonders »naturverbunden« vor. In England spielt das bäuerliche Haus – mag es auf das Schweizerhaus oder auf andere Wurzeln zurückgehen – in der Gestaltung des kleinbürgerlichen Landhauses oder der Villa immer eine wichtige Rolle. (Vgl. dazu S. H. Brooks, Designs for Cottage and Villa Architecture..., London 1839 *Abb. 28* und Ch. J. Richardson, Picturesque

26

»Swiss Cottage« (nach P. F. Robinson, 1836).

27

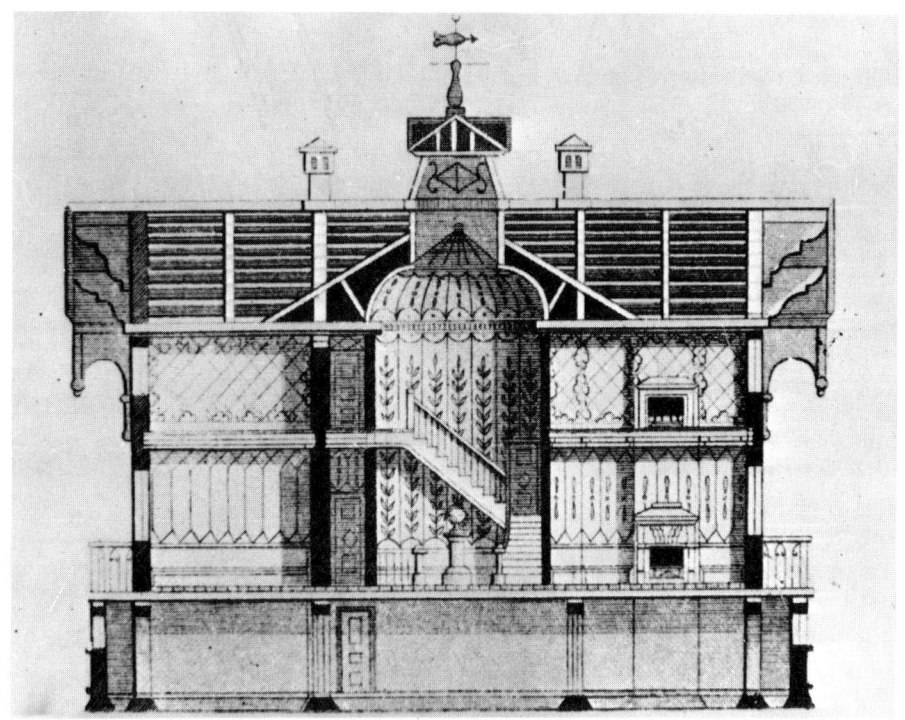

»Swiss Cottage«, Aufrißschnitt (nach R. Brown, 1842).

Designs for Mansions, Villas, Lodges ... Suitable to Each Style, London 1870 *Abb. 29).*

Schweizerhäuser waren außerdem auch deshalb so beliebte Staffageobjekte und Vorlage für Villen, weil die sie umgebende Natur – die Alpen – schon sehr früh von den Reisenden als besonders »romantisch« empfunden und gepriesen wurde. Zusätzlich kommt noch die in sie projizierte Wunschvorstellung von nationaler Unabhängigkeit zur Geltung, welche das Interesse des Bürgers besonders förderte.

Die evolutionistisch orientierten Bauforschungen waren außerdem an der Urwüchsigkeit des Schweizerhauses interessiert. So wurde das Schweizerhaus bald nicht mehr spielerisches Staffageobjekt aristokratischer Landschaftsgärten, sondern eine ideale Form städtischer Behausung im ländlichen Raum.

Die drei typologischen Gruppen des »einfachen Hauses« in England mit dem kleinen Exkurs über das Schweizerhaus im allgemeinen zeigen uns, daß hinter der formalen Vielfalt grundsätzlich verbindende Intentionen versteckt sind, die die Entwicklung in großer Perspektive zwischen dem 18. und dem 20. Jahrhundert bestimmen. Sowohl die Arbeiterhäuser als auch die Lusthäuser betonen demonstrativ eine programmatische Bescheidenheit. Sie sind das Thema eines neuen Naturkonzepts, in dem Architektur immer mehr zum Bestandteil neuerkannter

28

Cottage-Villa (nach S. H. Brooks, 1839).

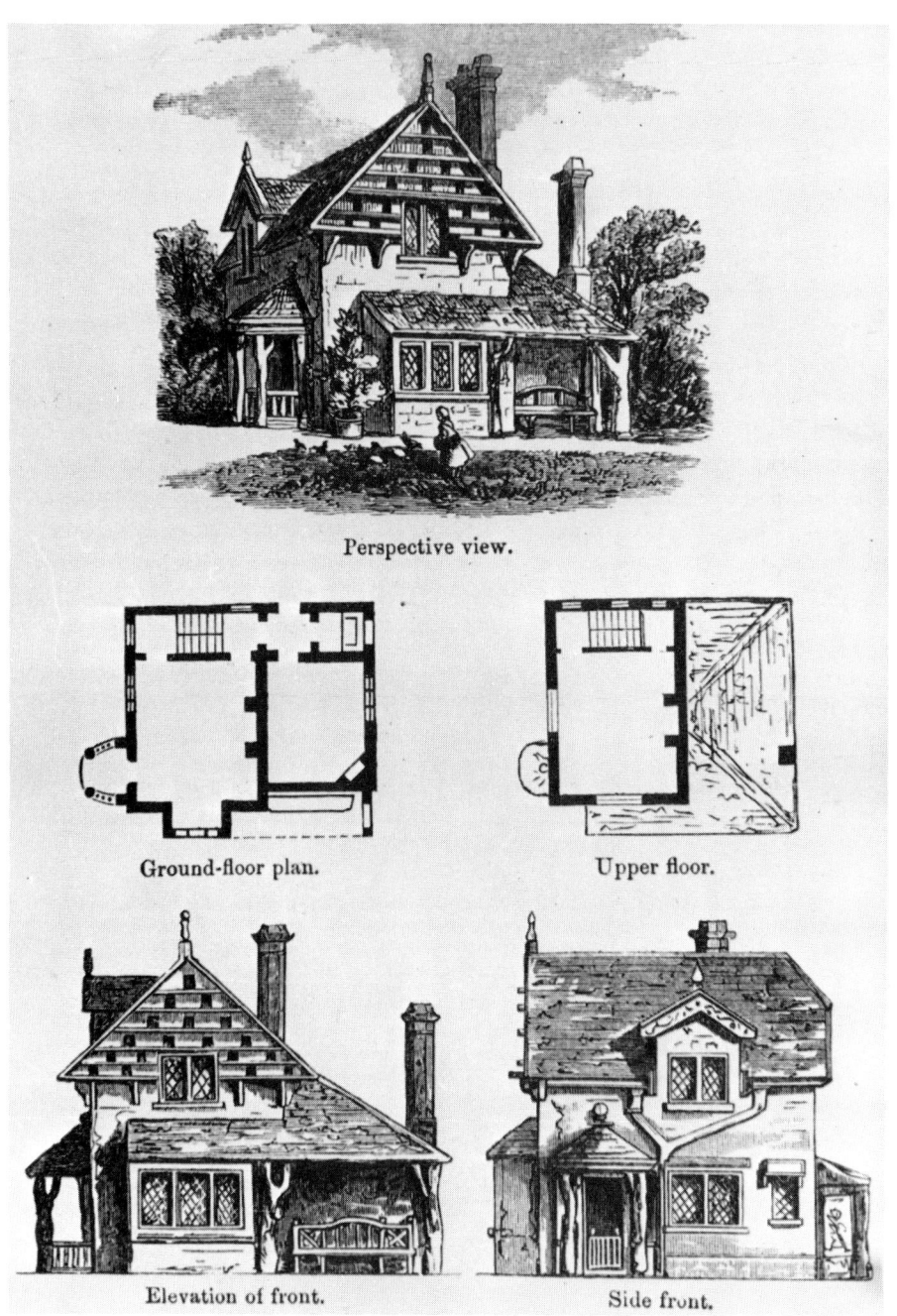

29

Perspective view.

Ground-floor plan.

Upper floor.

Elevation of front.

Side front.

Villa (nach Ch. J. Richardson, 1870).

gewaltiger Dimensionen wird. Diese Dimension bedeutet vorerst ungeahnte Möglichkeiten für Produktion und Betrachtung. Auf der einen Seite vernünftige Bescheidenheit, um noch mehr und noch besser Ware erzeugen zu können, auf der anderen Seite romantische Bescheidenheit, um noch intensiver an der lustvollen Optik der Natur teilhaben zu können. Besitznahme und Betrachtung, Gewinn und Genuß vereinigen sich erstaunlicherweise im Idealtyp der einfachen Hütte, die seit dem 18. Jahrhundert nicht mehr nur intellektuelles Objekt verschiedener Traktate, sondern eine Verwirklichung neuer Lebensformen zwischen Stadt und Land wird.

In Frankreich bildet die »Hütte« in den entwicklungsgeschichtlichen Betrachtungen der Architekten ebenfalls ein zentrales Thema. Kurz seien nur Laugiers Essay sur l'architecture *Abb. 30* (Paris 1755)[41] und Viollet-le-Ducs Histoire de l'habitation humaine *Abb. 31* (Paris 1875)[42] erwähnt, in welchen die immer wiederkehrende Problematik der »Urhütte« am klarsten formuliert wird. Eine ganz besondere Stellung in dieser Kette nimmt der schon erwähnte Revolutionsklassizist C.-N. Ledoux ein. In seinen verschiedenen (meist nicht verwirklichten) Projekten kommt dem Landhaus (»maison de campagne«) auch im industriellen Bereich eine besondere Rolle zu[43]. Bemerkenswert ist es, daß für alltägliche Funktionen, die mit Produktion in Verbindung stehen, monumentale Stilformen gesucht und verwendet werden. Sowohl in Chaux als auch in Meaupertuis *Abb. 32* sind die seriell produzierbaren »Reihenhäuser« zwar schmucklos und sachlich, doch oft mit herrschaftlichen Strukturelementen ausgestattet. Treppen, Giebel, Fensteranordnung sind vielfach der palladianischen Villenarchitektur entnommen. Das funktionell einfache Haus wird durch die religiöse Verehrung der rational organisierten Arbeit monumentalisiert. Ledoux' Landhäuser für Arbeiterwohnungen sollten die Lust an der Produktion steigern[44].

So gerät das einfache, nichtherrschaftliche Wohnhaus in eine Situation, wo Arbeit und Lust in der Formensprache der Architektur nicht mehr klar unterscheidbar werden. Ob es sich im weiteren um ein Arbeits- oder um ein Lusthaus gehandelt hat, konnte man am Einzelobjekt nicht mehr eindeutig ablesen, diese Frage wurde in sozialer und künstlerischer Hinsicht in zunehmendem Maße mystifiziert.

Das spätere 19. Jahrhundert zeigt dann die volle Entfaltung dieser Tendenzen. Die Entwürfe zu zwei Reihenhaussiedlungen – wiederum aus England – zeigen formal kaum Unterschiede. Der Titel des Buches von Henry Roberts lautet[45]: The Dwellings of the Labouring Classes, their Arrangement and Construction; with the Essentials of the Healthy Dwelling. Illustrated by Reference to the Model Houses of the Society for Improving the Condition of the Labouring Classes (London 1867) *Abb. 33*. Auf dem Bild sieht man eine eng geschlossene Kette von Cottage-Bauten, mit steilen Giebeln, hohen Kaminen und schmucklosen Fassaden. Im anderen Buch ist eine ähnliche Siedlung abgebildet *Abb. 34* (John Birch, Country Architecture: A Work, Designed for the Use of the Nobility and Country Gentlemen, Being a Series of Executed Works and Designs

Titelblatt des »Essai sur l'architecture« von M. A. Laugier (1755). **30**

"The First Building." after Viollet-le-Duc

*»Das erste Haus«
(nach E. Viollet-le-Duc, 1875).* **31**

32

Village de Meaupertuis
(Entwurf von C.-N. Ledoux, um 1780).

33

Arbeitersiedlung (nach H. Roberts, 1867).

for Buildings Connected with Landed Property, Edinburgh – London 1874)[46].
Der Unterschied liegt in der etwas luftigeren Anordnung und in der Gestaltung
der zu den einzelnen Häusern gehörenden Zwerggärten. Die Häuser selbst sind –
mit Ausnahme der Giebelkreuze – fast identisch gestaltet. So entwickelt sich aus
der ursprünglichen Vielfalt von Villentypen das uniforme Einfamilienhaus des 20.
Jahrhunderts.

Auch in Österreich lassen sich ähnliche Entwicklungstendenzen – wenn auch
etwas verspätet und etwas transformiert – wie in Westeuropa beobachten.

In die Vorgeschichte der adeligen Dörfer im englischen Park (d. i.
Landschaftsgarten) einzugehen mangelt es hier an Platz. Nur kurz sei auf die
Eremitagehäuschen des 18. Jahrhunderts hingewiesen, die die ersten Schritte in
dieser Hinsicht bedeuteten (Einsiedelei in Ober-St. Veit, zwischen 1740 und
1750)[47]. Das Hameau bei Neuwaldegg *Abb. 35* im Landschaftsgarten des Grafen
Lacy (um 1780 entstanden) stellte eine ganze dörfliche Siedlung in bewaldeter
Abgeschiedenheit dar[48]. Ähnlich das Fischerdörfchen in Laxenburg *Abb. 36* mit
den kuriosen Einzelobjekten (auf die Initiative der Kaiserin Maria Theresia II. im
späten 18. Jahrhundert erbaut)[49]. Als großes Vorbild für diese Anlagen wird
immer wieder das Hameau von Marie-Antoinette in Trianon bei Versailles zitiert,
aber es ist nicht ausgeschlossen, daß englische Vorbilder mitgewirkt haben[50].

Das Felsendorf im Park von Bad Vöslau *Abb. 37* (entworfen von Hohenberg
1777)[51], die Baumhäuser im Cobenzl'schen Garten auf dem Reisenberg[52] und die
Umwidmung der Camaldulenser-Häuschen auf dem Kahlenberg zu Sommerwoh-
nungen der Wiener Aristokratie[53] zeigen den Wunsch, in bescheidener Form in
»einfachen Hütten« die ästhetische Dimension der Natur genießen zu wollen.
Dabei darf man auf die Arbeitersiedlung der Nadelburg bei Wiener Neustadt[54]
oder auf die Koloniesiedlungshäuschen in Banat[55] *Abb. 38* (beide errichtet in den

34

*Landsiedlung für die Aristokratie
(nach J. Birch, 1874).*

Hameau in Neuwaldegg bei Wien (um 1780). **35**

»Fischerdorf« im Schloßpark von Laxenburg (um 1790–1800).

36

fünfziger und sechziger Jahren des 18. Jahrhunderts) nicht vergessen; sie sind formal vom Hameau in Neuwaldegg kaum zu unterscheiden. Ihre Funktion (und freilich auch die innere Ausstattung) unterscheidet sich wesentlich: Die einen sind zwecks vernünftiger Produktion, die anderen zwecks romantischem Genuß erbaut. Auf die verbindende Intention – Arbeit und Lust in der Ideologie des einfachen Hauses scheinbar gleichwertig zum Ausdruck zu bringen – wurde schon wiederholt hingewiesen.

Besonders wichtig für die Villenentwicklung in den Wiener Umgebungen ist das Erscheinen des »Tirolerhauses« um 1800 im Schönbrunner Schloßpark, erbaut auf Initiative des Erzherzogs Johann[56]. Er wünschte sich schon 1802 einen Schweizer Sennen, der »die kleinere Sennerey auf Schwyzer Art« besorgen sollte. Daß endlich aus diesem Projekt nicht ein Schweizerhaus, sondern ein Tirolerhaus geboren wurde, geht auf politische Motive zurück. Es müssen noch viele Tirolerhäuser in den verschiedenen österreichischen adeligen Schloßparks vorhanden gewesen sein[57], eine diesbezügliche Forschung steht noch aus.

Es ist nicht wahrscheinlich, daß es im ersten Drittel des 19. Jahrhunderts nur klassizistische Biedermeiervillen gegeben hat, das von d'Avigdor erwähnte (1874)[58] österreichische Schweizerhäuschen muß eine Vorgeschichte gehabt haben. Die von A. Schmidl angeführten zahlreichen Sommerhäuser (um 1835)[59] waren bestimmt nicht alle nach »palladianischem Vorbild« gestaltet. Bei einer typologischen Ordnung der Villenbauten aus dem letzten Drittel des 19. Jahrhunderts (in Wien und Umgebung) fällt immer wieder die eigenartige Vermischung von Schloß (oder Burg) und Bauernhaus auf. Das repräsentative Illustrationsblatt über Währinger Bautypen des sogenannten Cottageviertels, *Abb. 39* im Wiener XVIII. Bezirk (1872) ist ein gutes Beispiel dafür[60]. Noch 1902 schreibt Weissbach im Handbuch der Architektur: »Im Herrenhaus muß eine Steigerung der Architektur des Bauernhauses zum Ausdruck gebracht werden; deshalb kann es bei Verwendung echter Baustoffe eine gewisse Derbheit und Schlichtheit ertragen«[61].

Zusammenfassend können wir festhalten, daß die Entwicklung von Villa und Einfamilienhaus im 19. Jahrhundert von einer Neubewertung von Arbeit und Lust gekennzeichnet ist. Um Ledoux' Worte nochmals zu zitieren: »... c'est dans cette habitation que le travail et le plaisir se concentrent ...« Damit wird die halbstädtische (oder halbländliche) »Hütte« Ausdrucksform ambivalenter Lebensgefühle. War die Arbeit bis zum 18. Jahrhundert nur die Sache von Bauern und Handwerkern, beginnt der Aristokrat seit diesem Zeitpunkt, sich auch dafür zu interessieren. Ob aus Zwang oder aus freiem Entschluß, sei dahingestellt. Parallel dazu möchte man die Produktionsstätten wegen der Erhöhung der Arbeitseffizienz ebenfalls lustvoll gestalten. So gerät in die Formensprache der Landhausarchitektur eine gewisse Verunsicherung, die für die Stilentwicklung im ganzen 19. Jahrhundert maßgeblich bleibt.

Das Stilproblem war im 19. Jahrhundert immer mit Wunschvorstellungen verbunden, tatsächliche Bedürfnisse waren hinter Repräsentation versteckt. Die Orientierung an vergangenen Stilepochen wurde vom Streben nach Herrschaft

STIL UND LAUNE IN DER VILLA DES 19. JAHRHUNDERTS

37

Grotte im Schloßpark des Grafen Fries in Bad Vöslau.
Architekt: F. Hetzendorf v. Hohenberg (1777).

38

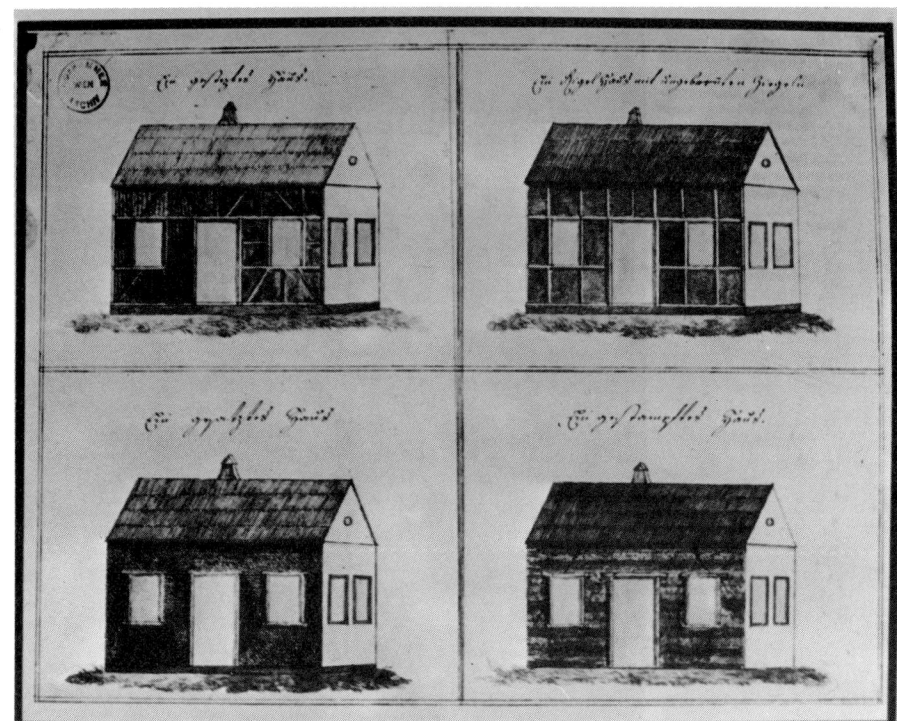

Entwurf für Kolonistenhäuser im Banat (1766).

39

Bautypen des Cottageviertels in Wien-Währing (1872).

40

Villa in Weidling bei Klosterneuburg.

»Haus der Laune« im Schloßpark von Laxenburg.
Architekt: F. Hetzendorf v. Hohenberg (1801).

und Legitimation bestimmt. Die Stilvilla des 19. Jahrhunderts war vielleicht die reinste Ausdrucksform einer ersehnten Freiheit, deren Irrealität immer wieder zur Kritik führen mußte. Eitelberger und Ferstel haben schon in der erwähnten Polemik um das Bürgerhaus 1860 geschrieben [62]: »Würden wir uns in einer Zeit befinden, in der architektonisch gesunde Prinzipien nicht bloß ausnahmsweise geduldet, sondern vollständig zur Herrschaft gekommen wären, so würde sich die Stylfrage nicht so fort und fort in den Vordergrund drängen«. Und: »Was da geschieht, wenn solche himmelsstürmende Baukünstler im bürgerlichen Wohnhaus, frei von den Fesseln der Zweckmäßigkeit, ihrer Phantasie die Zügel schießen

41

lassen, das zeigen die in sonderbaren Formen sich bewegenden Hausbauten, die man gegenwärtig allerorts findet«. Nirgendwo in der Architektur des 19. Jahrhunderts könnte man den Vorwurf von »Jagd nach Originalität« berechtigter erheben als im Fall des Villenbaues, wo in stilistischer Hinsicht schon von Anfang an eine Freizügigkeit beansprucht wurde. Monumentale Bauten hatten von der öffentlichen Aufgabe her, Industriebauten von der Funktion her, Miethäuser von der städtebaulichen Lage her eine größere Stilgebundenheit als Villen, die jeglicher Kontrolle entbunden zu sein schienen. Die Flucht aus der industriellen Alltagswirklichkeit und die ästhetisch nie klar definierte Naturverbundenheit machten aus der Villa eine Phantasieschöpfung, die manchmal ad absurdum geführt wurde.

Die Stilentwicklung der Herrschaftsvilla läßt sich nicht so einfach kategorisieren, wie die des Monumentalbaues oder des Zinshauses im städtischen Gefüge. Wahrscheinlich ist das der Grund dafür, daß die kunsthistorische Forschung in der Villenfrage eher verlegen als sicher wirkt[63]. Obwohl seit etwa zwanzig Jahren große Bemühungen für die Rehabilitierung der Kunst des 19. Jahrhunderts stattfinden, blieb bis jetzt der Villenbau ein stiefmütterlich behandeltes Kapitel[64]. Die Villen sind vielleicht die letzten Bauwerke, die einer Einordnung in den universalgeschichtlich gültigen Stilablauf trotzen möchten – wohl verständlich, da das Ziel ihrer Erbauer ein Entkommen aus jeglicher Gebundenheit gewesen ist. Auch die Beschreibung der Villa ist viel schwieriger als z. B. die der auf eine Ansicht komponierten Schaufront eines städtischen Zinshauses. Die scheinbar willkürlich zusammengewürfelten Stilvillen der Gründerzeit stehen bewußt im Gegensatz zu dem eher uniformen Fassadencharakter der Mietskasernen.

In den Stilvorlagen der Villa spielten außerdem von Anfang an die »klassischen Stilepochen« eine geringere Rolle als beim Monumentalbau im engeren Stadtgefüge. So war der Stil der Villa in den zeitgenössischen Quellen nicht so strikt mit historischer Vergangenheit in Verbindung gebracht. Exotische Stile (in welchen die räumliche Entfernung eine wichtigere Rolle als die zeitliche Distanz spielte) oder nationale Stile (deren damalige politische Aktualität maßgeblich war) wurden bei der Definition der Villa herangezogen, und schon immer bemühte man sich in diesem Bereich besonders um die Erfindung neuer Begriffe.

Die Villen des 19. Jahrhunderts waren die vielleicht wichtigste Verkörperung der nie aufgegebenen Hoffnung, daß man einen »neuen Stil« doch erfinden könnte. Der schon zitierte Schasler spricht z. B. vom »gewichtigen oder leichten Styl« der Villa[65], je nachdem wie die Umgebung des Bauwerkes die Auswahl historischer Stile zwingend bestimmte. Die Villa wurde im 19. Jahrhundert nie als einzeln für sich stehendes Monument, sondern als Bestandteil der ästhetisch begriffenen Natur betrachtet. So war in ihrem Stilbegriff das Verhältnis zur Landschaft immer gleichfalls ausgedrückt. Der »englische Geschmack« oder »englischer Styl« – vielfach für Villenbauten in den Wiener Umgebungen als zeitgenössischer Ausdruck verwendet – betraf nicht nur das Gebäude selbst, sondern das ganze Ambiente, sogar eine spezifische Lebensauffassung. Der

»Haus Wahnwitz«, Architekturkarikatur.

Was im Wahn mit wenig Witz er erfand —
„Wahnwitz", so sei dies Haus genannt.   E. Harburger.

»Charakter des Romantischen«, der bei der Villa Pereira in Altenberg als künstlerische Absicht schon 1849 wortwörtlich so deklariert wurde[66], zeigt den Wunsch, hinter den konkreten Stilvorbildern eine zweite Sinnschicht zu definieren, die nur auf Stimmungsebene realisierbar ist.

Die Wahl der Stile als Produkt einer freigesetzten Laune ist nirgendwo so freizügig wie in der Villa. In der Villa konnte man sich mehr erlauben als in anderen Bauten der Zeit. So setzte aber andererseits – wie schon erwähnt – auch eine Kritik an den Stilvillen wesentlich heftiger ein als in den übrigen architektonischen Bereichen. Sie wurden in der zweiten Hälfte des Jahrhunderts als Beispiele der stilistischen Ausweglosigkeit erkannt und persifliert. Wenn man zwei kuriose Schöpfungen am Anfang und zu Ende dieser Entwicklung betrachtet, kommt man dem Stilproblem der Villa wahrscheinlich etwas näher. Es handelt sich um das »Haus der Laune« im Park von Laxenburg *Abb. 41* (errichtet von Hohenberg um 1800 und schon längst zerstört)[67] und um eine Karikaturzeichnung aus München vom »Haus Wahnwitz« *Abb. 42* (um 1900)[68]. In beiden ist eine verkehrte Welt gezeigt als Ort einer bodenlos gewordenen Phantasie.

Das »Haus der Laune« ist eigentlich die erste Villa im Sinne des Historismus, denn in ihm wird das Wohnen am Lande ad absurdum geführt und persifliert. Es ist nicht mehr nur eine barocke Staffagearchitektur im Bereich des Landschaftsgartens, sondern auch eine Reflektion darüber. Es ist nicht mehr allein eine Anregung für romantische Phantasie, sondern eine intellektualistisch gedachte Verkörperung der Laune. In diesem halb als Burgtempel, halb als Knusperhäuschen geformten Bauwerk wird versucht, die Laune darzustellen. In diesem Sinne sind alle späteren Villenbauten des 19. Jahrhunderts Darstellungen der Stimmung, die man zur Erhöhung des Naturgenusses verwirklichen möchte. Wiedemann schrieb kurz nach Fertigstellung dieser merkwürdigen Architektur[69]: »Laune ist des Witzes Halbschwester, und beide sind mit der Phantasie verwandt. Sie theilen sich in das holde Geschäft, dem Sterblichen sein Dasein zu verschönern, und die Kulissen und Szenen, zwischen denen er die tragisch-komische Farce, Leben genannt, aufzuführen gezwungen ist, mit täuschenden Aussichten, spanischen Schlössern und arkadischen Gefilden zu bemalen...«

Die Laune ist eine Versinnbildlichung der bürgerlichen Freiheit, die mit Täuschung verbunden ist, da sie eine Flucht aus der industriellen Wirklichkeit bedeutet. Richtig vermerkt dazu P. Pötschner, daß der eigentliche Inhalt dieses Objektes die »Unvernunft« (»déraison«) ist[70]. Diese Unvernunft – in abgewandelter Form – begleitet uns in den Abertausenden landschaftverhüttelnden Einfamilienhäusern eigentlich bis heute.

Die etwas ironisch verstandene, aber jedenfalls heroische Laune verwandelt sich im späteren Lauf des 19. Jahrhunderts in ihre Schwester, in den unglaubwürdigen, manchmal pathetischen Witz. Adolph Göller empfindet schon 1887 als »Witz... wenn das Modell einer Ritterburg als Kaninchenstall verwertet wird«[71]. Die Münchner Karikatur vom »Haus Wahnwitz« ist gewiß eine Anspielung auf die Richard Wagner'sche Villa in Bayreuth[72], in der Darstellung ist überdies schon der Jugendstil persifliert. Malerische Gestalt, Asymmetrie, individueller Dekor, herrschaftliche Bauelemente, romantische Umgebung – alles, was früher gut und teuer war – sind hier bis zur extremen Lächerlichkeit geführt.

In dieser Karikaturzeichnung sind verschiedene, in den Augen der Zeitge-

43

Pförtnerhaus im Park von Guëll.
Architekt: A. Gaudí (1882).

nossen als »übertrieben« erscheinende Architekturen reflektiert. Die märchenhafte
Ritterburg in Bayern, Neuschwanstein (1869), das exotische Palais Ideal in
Hautrives, Frankreich (1879 von P. Cheval) und das bizarre Pförtnerhaus in Park
Guëll, Barcelona (1882 von A. Gaudí) *Abb. 43*, sind einige repräsentative Beispiele
der zum »Wahnwitz« gesteigerten romantischen Naturverbundenheit. Es scheint

fast so, daß Gaudís Bauwerk unmittelbare Anregungen für die Münchner Karikaturzeichnung bedeutete.

Zwischen den beiden kuriosen Schöpfungen – »Haus der Laune« in Laxenburg und »Haus Wahnwitz« in München – mögen sie auch zufällig erscheinen, spannt sich ein weiter Bogen, auf dem sich der Stil der Villa des 19. Jahrhunderts »entwickelt« hat.

Schon die sich ständig wiederholenden terminologischen Schwierigkeiten in der Fachliteratur[73] sind ein bemerkenswerter Hinweis dafür, daß die Villa bzw. das Einfamilienhaus zwischen dem 18. und 20. Jahrhundert eine gewaltige architektonische Verunsicherung zum Ausdruck bringt. Zwischen den Namen Gartenpalast oder -palais, Schloß, Landhaus, Herrensitz scheint die Bezeichnung »Villa« eher als Verlegenheitslösung auf: Sie umfaßt eine Reihe von architektonischen Gattungen, in denen die barocke Selbstverständlichkeit von Herrschaft in formaler Hinsicht schrittweise verlorenzugehen scheint. Die aus dem Staffagebereich des aristokratischen Landschaftsgartens hervorgewachsene bürgerliche Villa konnte durch Imitierung von Herrschaftsformen nie dieselbe Glaubwürdigkeit erreichen wie feudale Herrschaftsarchitekturen. Der Glaube, daß sich Herrschaft durch serielle Stilproduktion demokratisieren läßt, erwies sich im 19. Jahrhundert als eine Sackgasse. Der Versuch des Kleinbürgers, sein Leben in einer Ritterburg zu verwirklichen, war letzten Endes genauso unglaubwürdig wie der Versuch der Aristokraten, wenigstens zeitweise im Bauernhaus zu leben.

Das ästhetische Unbehagen an der »Verhüttelung« der Landschaft hängt mit dem ambivalenten Verhältnis zur »Hütte« zusammen. Die Löschung des Unbehagens durch Nostalgie gegenüber älteren Hütten – die heute schon als solche mit der Landschaft zusammengewachsen empfunden werden – ist keine Lösung und kann auch für die Zukunft keine Lösung bedeuten. Hinter dem ästhetischen Unbehagen sind gewaltige soziale Probleme versteckt, die nach einer ständigen Hinterfragung des formalen Erscheinungsbildes verlangen.

PATRICK WERKNER

Zur Bauaufgabe der Stadtvilla im späteren 19. Jahrhundert

er Begriff der Villa meint ursprünglich das Wohnhaus auf dem Lande, in der römischen Baukunst das Herrenhaus des Landeigentümers, seit der Renaissance den Landsitz der herrschenden Schichten. Im ausgehenden 18. Jahrhundert begann das wohlhabende Bürgertum sich repräsentative Landhäuser in Stadtnähe zu erbauen. Das neue Naturgefühl der Romantik wirkte dabei genauso mit wie der Wunsch nach Erholung vom anstrengenden Stadtleben. Im 19. Jahrhundert wurde die Villa das Haus für das Großbürgertum. Zwar gab es auch weiterhin schloßähnliche Bauten, die sich in Ausdehnung von Architektur und zugehörigem Grund und, was den Anspruch des Besitzers betrifft, mit barocken Villenanlagen vergleichen lassen. Hinzu kam jedoch als völlig neue Baulösung für die neue Schicht des wohlhabenden Bürgertums die Stadtvilla: ein auf vergleichsweise kleinerem Grund gelegenes Gebäude, das meist zusammen mit anderen Stadtvillen Teil eines Ensembles war. Das Villenviertel wurde so zu einer bezeichnenden Erscheinung innerhalb der Architektur des 19. Jahrhunderts. Als abseits von einer hektischen Innenstadt und von dichtbebauten Wohnvierteln gelegenes Haus im Grünen bot die Villa durch ihren repräsentativen Rahmen und den gehobenen Wohnkomfort die adäquate Behausung für den wohlhabenden Bürger.

1932 stellte Wasmuths »Lexikon der Baukunst« unter dem Artikel »Villa« abwertend fest: »Der sogenannte Villenbau des 19. Jahrhunderts stellt in seinen Grundzügen dann kaum etwas anderes dar als die Errichtung von Einfamilienhäusern, insbesondere als größeres Eigenheim«[1]. Gewiß ging mit dem Barock auch für den Villenbau im alten Sinn die Blütezeit zu Ende. Unter ganz anderen Vorzeichen jedoch gab es auch im 19. Jahrhundert wertvolle Lösungen dieser Bauaufgabe. Sie wurden in jüngster Zeit im Zuge der Wiederentdeckung des

19. Jahrhunderts mehrfach behandelt, wobei die Beurteilung der Villa eine Revision erfuhr[2]: »Die Villa ... hat im Laufe der Zeit immer wieder ihren Charakter verändert. Im 19. Jahrhundert wurde sie einer der wichtigsten Bautypen, die sich in der Zeit der neuen bürgerlichen Gesellschaft herausbildeten«[3].

R. Wagner-Rieger stellte für die Mitte des 19. Jahrhunderts eine Nivellierung von Schloß, Palast und Wohnhaus fest, die einer Verbürgerlichung des Adels parallel ging[4]. Die Bedeutung des Schlosses trat zugunsten der Villa immer mehr

Villa in Baden, Helenenstraße.
Architekt: H. Peschl.

44

45

Villa in St. Pölten, Eybnerstraße.

zurück. Ihr Bautyp ist in der zweiten Hälfte des 19. Jahrhunderts eine zunächst aus den Landsitzen des Klassizismus für das Großbürgertum, dann für den städtischen Villenbau weiterentwickelte Bauaufgabe. Dabei ist der Einfluß Englands unverkennbar[5]. Im Anschluß an die englische Neugotik des Landhauses wurde auf malerische Gestaltung und freie Gruppierung Wert gelegt. Naturgemäß ließen Aufträge zum Villenbau der Phantasie der Architekten mehr Spielraum und waren auch genügend Mittel vorhanden, aufwendigere und kostspieligere Lösungen zu finden, als dies bei den meisten städtischen Zinshausbauten möglich war. »Auffallend ist jedenfalls, daß die symmetrische, malerische und mit scheinbaren Zufallseffekten erreichte ästhetische Wirkung der Villen, deren Umrißlinien sich bei Veränderung des Standpunktes des Betrachters vielfältig verschieben und überschneiden – ein Effekt, den man durch Laubsägearbeiten im Stil der Schweizer Chalets mit Türmen, Lauben usw. zu erhöhen suchte –, im städtischen Wohnbau der gleichen Zeit keine Parallele besitzt«[6].

Der englische Einfluß führte auch 1872 zur Gründung des »Wiener Cottage-Vereins«, der das britische Einfamilienhaus nach Österreich zu verpflanzen suchte[7]. Der Ringstraßenbaumeister Heinrich von Ferstel und der Direktor des Österreichischen Museums für Kunst und Industrie, Rudolf von Eitelberger, waren maßgeblich an der Gründung des Vereins beteiligt. Sie sahen, unter anderem auch aus moralischen Gründen, den Wohnwert eines Cottage höher an als den einer Zinshauswohnung: »Wir schlagen den Besitz eines eigenen Hauses für die Bedeutung der Familie außerordentlich hoch an; denn wir sagen, daß die sittliche und geistige Kraft des Familienlebens geknickt ist, wo ihm der heimatliche Boden des Wohnhauses fehlt, und wir glauben, daß es der Anstrengungen unserer besten Kräfte und der Erwägungen unserer besten Patrioten würdig ist, der Familie, wie sie ist, zu ihrem uralten Rechte, dem Rechte einer heimatlichen Wohnung, zu verhelfen«[8].

Der englische Idealtypus des Cottage für eine Familie – im Tiefparterre Küche und Wirtschaftsräume, im ersten Geschoß das Gesellschaftszimmer, im zweiten Geschoß Wohn- und Schlafzimmer – wich in Österreich jedoch meist einem Zweifamilienhaus, da die hier traditionelle Wohnraumeinteilung nach Geschossen nicht aufgegeben wurde. Der wesentlichere Unterschied zwischen den beiden Ländern in der Auffassung dieser Bauaufgabe lag aber im englischen Anspruch, Wohnhäuser für den Mittelstand zu schaffen, wohingegen sich in Österreich sehr bald der der Oberschicht vorbehaltene repräsentative Bautyp der Villa durchsetzte.

Ein wesentlicher Gedanke bei der Gründung des Cottage-Vereins war auch die erstrebte Auflockerung der dichten Verbauung der Wohngebiete, die zugleich die Entstehung eines »Luftreservoirs« bei der Anlage eines solchen im Grünen gelegenen Viertels bedeutete. Bemerkenswerterweise wurde dieser Begriff bereits 1906 verwendet und der Gesichtspunkt der Luftqualität als Argument für die Anlage von Cottagevierteln gebraucht[9]. Das Zukunftsweisende dieser Lösung erkannte man erst im 20. Jahrhundert im Zuge fortschreitender Luftverschmutzung – auch vor dem Hintergrund vermehrter Demolierungen alter Villen zugunsten neuer Appartementanlagen, wodurch der Baumbestand ganzer Stadtgebiete erheblich dezimiert wurde[10]. Noch heute bilden die in der Zeit des Historismus angelegten Villengebiete die »grüne Lunge« mancher Städte. Der Erholungswert von Villenvierteln nicht nur für deren Bewohner, sondern für die ganze Stadt wurde so allgemein bewußt.

Für den Villenbau war zunächst hauptsächlich aus der Renaissance entlehntes

46

Verandavorbau einer Villa in Baden,
Marchetstraße.

Formengut gebräuchlich, das indirekt auch vom oberitalienischen Villenbau übernommen worden war. Wesentlich war dabei die Wiederbelebung der Renaissanceformen durch Semper. Diese Rezeptionsphase hat nachhaltig die Gestaltung der Villenarchitektur, der repräsentativen öffentlichen Bauten und das

Antlitz größerer Städte geprägt. Eine Kennzeichnung des Stils durch Begriffe wie Neurenaissance oder Neubarock bedeutet allerdings oft eine Vereinfachung, die der Vielfalt des Formenguts nicht gerecht werden kann.

Fassadendetail eines Landhauses in Neulengbach, Schubertstraße.

Die Architektur des späteren 19. Jahrhunderts nimmt bei vielen historischen Stilen Anleihen auf und verarbeitet diese zu ihrem ganz spezifischen Mischstil. Für die am Ende des Jahrhunderts entstandenen Villen konnten die Baumeister das ganze im Laufe des 19. Jahrhunderts erarbeitete Formenrepertoire verwenden. Eine Klassifizierung der Bauten nach Begriffen wie Historismus, Gründerzeit oder Heimatstil erscheint nicht immer sinnvoll, da sich sehr viele Villen nicht eindeutig einem dieser Termini zuordnen lassen. Historismus ist letztlich ein

48

Fassadendetail einer Villa in Baden.

Fassadendetail einer Villa in Baden, Dumbagasse.

Oberbegriff von Gründerzeit und Heimatstil, und diese beiden Stilformen verschmelzen gerade im Villenbau besonders oft. Auch führte die plakative Verwendung des Ornaments an den Bauten des späteren 19. Jahrhunderts dazu, daß mit dem Auftreten des Jugendstils auch dessen Ornamentformen entlehnt und manchen Gebäuden »appliziert« wurden, die man ihrer Baugliederung wegen gewiß nicht als Jugendstilvillen ansprechen darf. Deshalb wird hier auch eine Einschränkung auf Bauten, die einem dieser Stilbegriffe zuzuordnen sind, vermieden.

50

Villa in Weidling bei Klosterneuburg.

Die städtische Architektur des späteren 19. Jahrhunderts hat gerade im Villenbau einige der phantasievollsten Bauschöpfungen hervorgebracht. In der »Zeitschrift des Österreichischen Ingenieur- und Architektenvereins« las man 1906 über das Wiener Cottage: »Die deutsche Frührenaissance und das Wiener Barock gaben ihre Formen den Gebäuden, die oft sehr luxuriös wurden. Türme, Erker, Söller, Balkone, Veranden, Terrassen, Pergolen und Blumenbretter belebten die Objekte und förderten die Behaglichkeit des Wohnens«[11].

Für die innerhalb von Villenvierteln entstandenen Bauten ist die Ausrichtung auf Repräsentation im Straßenbild charakteristisch. Die »Schauseite« des Gebäudes ist meist auf den Blickwinkel der Straße oder des Zugangs ausgerichtet, die Orientierung nach den Lichtverhältnissen bei der Planung hingegen zweitrangig. Die Gestaltung des Inneren der Villen erfolgte dem Anspruch des Bauherrn entsprechend großzügig. Die Rolle der Repräsentation übernehmen hier Salons und Wohnräume, zu denen aus Vestibül und Stiegenhaus übergeleitet wird.

Für das Anbringen von Ornamenten standen den Baumeistern zahlreiche Vorlagewerke zur Verfügung. Die »Ornamentenlehre« von Gropius[12] etwa variierte in den einzelnen Heften bestimmte Themen, so z. B. »Palmettenfries über Candelaber«, »durchbrochene Ecken«, »Karyatiden«, »Musicirende Engel«, »Engel-Statuette, Krieg darstellend«, »Engel-Statuette, Frieden darstellend« usw., aus denen je nach Bedarf ausgewählt werden konnte. Die oft in Steinguß ausgeführten Ornamente wurden großteils seriell hergestellt und in den Bau eingefügt. Nicht selten wurden dabei auch lebensgroße Statuen in Nischen oder Ädikulen angebracht, die eine Bedeutungssteigerung des Baues bewirken sollten.

Lange Zeit wurde die Repräsentationsarchitektur des späteren 19. Jahrhunderts und der Jahrhundertwende mit Kitsch und Stillosigkeit gleichgesetzt. Inzwischen hat man den individualistischen Baucharakter gerade der Villen, ihre phantasievolle Gliederung und ihren Hang zum Dekorativen wieder schätzen gelernt. Diese Aufwertung ist zum Teil auch Ausdruck einer Nostalgiewelle, entstanden aus einem Ungenügen an der Gegenwart, oft verstärkt durch Zukunftspessimismus, oft modisch vermarktet. Sie ist gleichermaßen Ausdruck des Unbehagens heutiger Durchschnittsarchitektur gegenüber. Deren Auswirkungen trugen dazu bei, daß das Verdikt gegenüber den Bauten der zweiten Hälfte des 19. Jahrhunderts aufgehoben wurde. In diesem Zusammenhang kann auch auf den vielfach geübten Vorwurf des Mangels semantischer Bezüge in großen Bereichen der modernen Architektur verwiesen werden[13]. Diese Feststellungen widersprechen nicht der Tatsache, daß es auch heute großartige neue Architektur gibt. Deren Ausführung wird paradoxerweise als Folge der Kritik an dem anonymen Teil der modernen Architektur immer öfter verhindert, nicht selten zugunsten einer starren Bewahrung des architektonischen Status quo.

Die Aufwertung der alten Stadtvillen ist auch Ausdruck gewandelter Leitbilder in der Denkmalpflege, von der verstärkt der Ensembleschutz berücksichtigt wird. Dieser geht Hand in Hand mit dem bereits erwähnten Bewußtsein vom Wert des »Luftreservoirs« der Villenviertel für die ganze Stadt, deren Baumbestand sich am besten durch Konservierung auch des Baubestandes erhalten läßt.

Die Aufwertung ist nicht zuletzt auch Ausdruck veränderter kunstwissenschaftlicher Maßstäbe. Entscheidend für die Neubewertung der Architektur des 19. Jahrhunderts überhaupt war das Aufkommen der ikonologischen Methode, für die Vorgänge wie Zitieren oder Kopieren nichts Negatives beinhalten. Sie frägt nämlich nach Sinn, Symbolik, Bedeutung in der Gestaltung eines Bauwerks, nach religiösen Aussagen, politischen Motivationen, nach demonstrativen oder repräsentativen Absichten[14]. Dabei tritt die Frage nach dem Künstlerischen oder Originellen eines Bauwerks gegenüber der Frage nach dessen Aussage zurück. Die

51

*Villa »Meran« in Weidling bei
Klosterneuburg.*

Aufwertung der Baukunst des späteren 19. Jahrhunderts hängt aber auch mit einer
neuen Distanz gegenüber der Architektur des Funktionalismus zusammen.
Verlangte das »Neue Bauen« noch von der Fassade, sie müsse außen erkennen
lassen, wie innen gebaut sei, so wurde ihr inzwischen wieder das Recht auf
Selbständigkeit gegenüber dem inneren Organismus zuerkannt. H. G. Evers

52

Fassadendetail einer Villa in Altenberg a. d. Donau.

spricht in diesem Zusammenhang von einer »Rehabilitierung der Fassade«[15]. Als Gottfried Semper 1860 in seinem später weit verbreiteten Hauptwerk seine Thesen über »Den Stil in den technischen und tektonischen Künsten« aufstellte, schrieb er in einer Anmerkung: »Der Karnevalskerzendunst ist die wahre Atmosphäre der Kunst. Vernichtung der Realität, des Stofflichen ist notwendig, wo die Form als bedeutungsvolles Symbol, als selbständige Schöpfung des Menschen hervortreten soll«[16].

Die moderne Villa.

Sie müssen meine Villa sehen,
Um Ihre Meinung bitt' ich Sie.
Sie werden bald mir zugestehen:
Mein Architekt ist ein Genie.

Daß mir den Mann das Schicksal sandte,
Macht mich doch recht von Herzen froh;
's ist ein Iktinos, ein Bramante,
Ein Erwin, ein Palladio!

Betrachten Sie zuerst vor Allen
Dies schöne Renaissance-Portal;
Auch diese goth'schen Vorhaus-Hallen
Gibt's in der Stadt kein zweites Mal.

Jetzt lenken wir, mein Herr, die Schritte
In das barocke Treppenhaus;
Dies Glasbild in der Fenstermitte
Nimmt sich doch ganz romanisch aus.

Zwei Stile sind verwendet worden
Im ganzen ersten Stocke nur:
Vorn alles hoch modern, im Norden
Ist alles à la Pompadour.

Den allergrößten Fleiß verwandte
Mein Künstler auf das Ornament.
Sie seh'n an dieser Stucco-Kante,
Was man bei mir Antike nennt.

Kein Plätzchen ist des Schmuckes ledig,
Auf Kunst und Stil ruht stets der Blick.
So incrustirt man in Venedig,
Und maurisch ist dies Mosaik. —

Nun, Ihre Meinung Herr? — Ich sehe,
Sie schau'n sich noch bewundernd um.
Ich weiß, ich weiß: des Genius Nähe
Macht jede große Seele stumm.

Edwin Bormann.

MARIO SCHWARZ

Entwicklungstendenzen in der Villenarchitektur der Gründerzeit in Niederösterreich

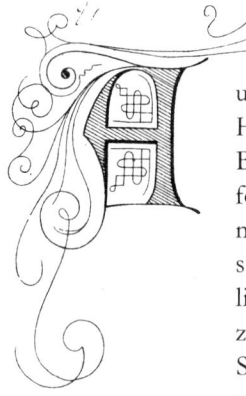uf dem Schloßberg in Mauerbach, wo sich einst die Burg der Herren von Muwerbach befunden hatte und welcher 1833 als Besitz des aufgehobenen Kartäuserklosters vom Religionsfonds versteigert worden war, ließ der Bankier und Finanzminister Georg Simon Freiherr v. Sina 1840 ein spätklassizistisches Landhaus erbauen, welches trotz seiner »bürgerlichen« Dimensionen späterhin allgemein als »Schloß« bezeichnet wurde[1]. Der Vierkantbau besaß seinen Eingang im Südwesten an der Rückseite; über ein gepflastertes Vestibül gelangte man zu einer im Gegensinn halbkreisförmig angelegten Haupttreppe, welche in die Räume im 1. Stock führte. Vom Vestibül erreichte man einerseits durch paarweise angeordnete Vorräume zu seiten des Hofes die Gesellschaftsräume im Parterre, andererseits gelangte man durch den Hof zu einer Nebenstiege, welche sämtliche Geschosse vom Souterrain mit den Wirtschaftsräumen bis zum Dachboden zugänglich machte. Die bevorzugten Räume der Villa lagen zur Vorderfront nach Nordosten gerichtet. Hier erstreckte sich im Erdgeschoß über dem Unterbau des vorgezogenen Souterrains eine Terrasse in der gesamten Breite der Villa; symmetrisch angelegte Stufenabgänge führten in den Park. Im Mittelzimmer im 1. Stock bestand ein kleiner Balkon, die übrigen Räume dieses Geschosses waren Gäste- und Schlafzimmer.

Der blockhafte Bau war betont einfach gestaltet: Den einzigen auffallenden Akzent bildete der genutete, giebelig abgeschlossene Mittelrisalit an der Vorderfront mit dem Palladiomotiv im 1. Stock. In der bisherigen Literatur[2] wurde die Villa dem für Baron Sina in Athen und Wien mehrfach tätigen Architekten Theophil Hansen zugeschrieben. Mit Hansens Werk ist der Bau stilistisch allerdings unvereinbar. Als Architekt wäre stattdessen vielleicht Alois Pichl (1782–1856) in Betracht zu ziehen, der ebenfalls einige Arbeiten im Auftrag des

Villa Baron Sina in Mauerbach **53**
(erbaut 1840),
Aufrißplan der Vorderfront
(Nordostseite).

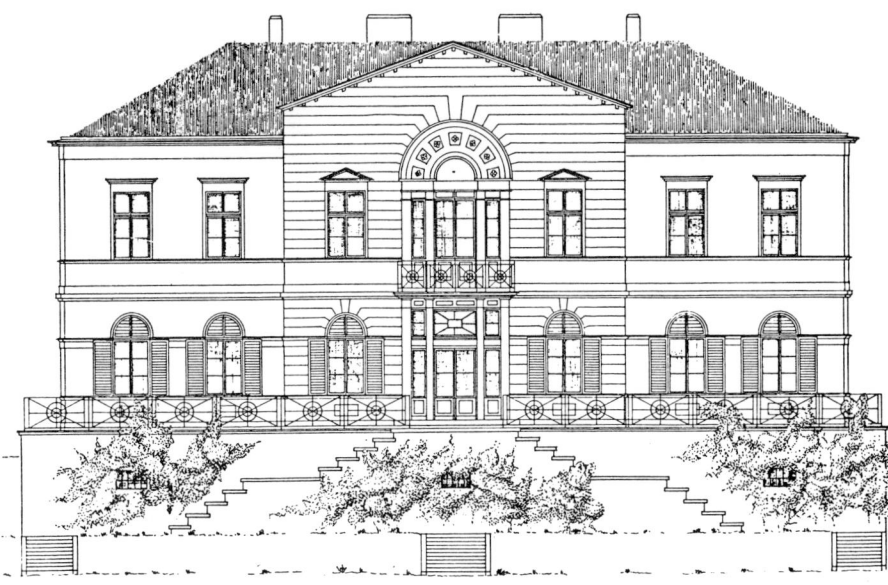

54

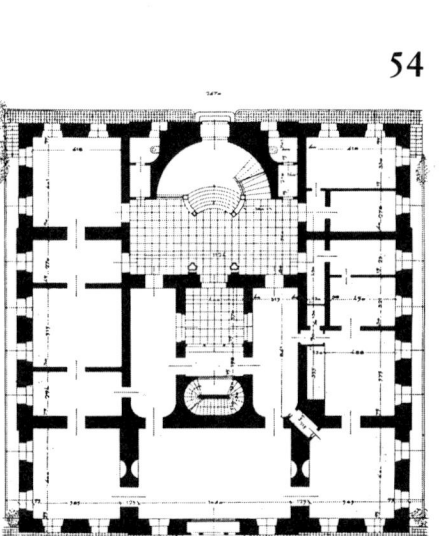

Wie 53, Grundriß des Erdgeschosses.

Freiherrn v. Sina ausgeführt hat[3]: In seiner stereometrischen Form und der nahezu revolutionsklassizistischen Risalitbildung war das Landhaus Sina in Mauerbach noch ganz dem kubischen Stil des Spätbiedermeier (R. Wagner-Rieger) verpflichtet, einer Richtung, die in enger Beziehung zur offiziellen Architektur des Hofbauamtes stand und die um 1840 bereits von einer immer größeren Anzahl jüngerer Architekten abgelehnt wurde.

55

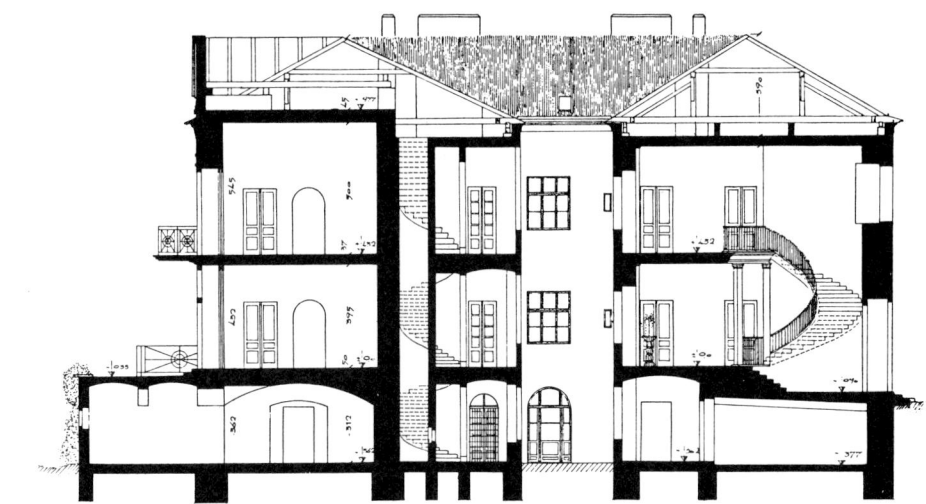

Wie 53, Aufrißschnitt von Nordost
nach Südwest.

Joseph Carl Graf Dietrichstein hatte sich 1801–1803 unterhalb der Burgruine Merkenstein südwestlich von Baden ein neues »Schloß« im »schweizerischen Style« erbauen lassen, welches von einem vielbewunderten Landschaftsgarten umgeben war: Im Park befanden sich eine Kapelle, eine Einsiedelei, ein Aussichtsturm sowie ein orientalischer Pavillon und ein »Türkenbrunnen« – romantische Elemente, mit denen an die Zerstörung des Altschlosses von Merkenstein durch die Türken im Jahre 1683 erinnert werden sollte. 1829 kaufte Joachim Eduard Graf Münch-Bellinghausen die Besitzung. Der neue Eigentümer ließ 1843–1844 das bestehende Landhaus abbrechen und vom Architekten Johann Julius Romano[4] eine »Villa im sogenannten gothisch-englischen Geschmacke« (Realis)[5] oder – nach J. A. Krickels Urteil – »im holländischen Geschmack«[6] erbauen. Der zweigeschossige, durch einen Eckturm asymmetrisch gestaltete Bau zeigt zahlreiche Elemente der englischen Tudorgotik, wie die großflächigen, mehrfach unterteilten Rechteckfenster mit abgesetzten Bekrönungsgesimsen, die Ausbildung flach vortretender Erker und eines polygonalen Treppentürmchens, schrägflächig abgeschlossene Zinnen und breite Kielbogen an der Vorhalle. Wie S. Skacha nachweisen konnte[7], folgte der Entwurf Romanos weitgehend einem Idealplan für ein Landhaus in Fraunhofen in Bayern, welchen Ludwig Freiherr v. Welden 1839 in der »Allgemeinen Bauzeitung« publiziert hatte[8]: Die Übereinstimmungen liegen in der mit Kielbogen gestalteten Vorfahrt, der Giebelfront in der

VILLA GRAF MÜNCH-BELLINGHAUSEN IN MERKENSTEIN VON JULIUS ROMANO (1843)

56

Idealplan für ein Landhaus in Fraunhofen, Bayern (nach L. Frh. v. Welden, 1839).

Villa Graf Münch-Bellinghausen in Merkenstein (erbaut 1843). Architekt: J. Romano.

Gebäudemitte, den Strebepfeilern und Zinnen. In Abweichung von Weldens Entwurf schuf Romano an der Gebäudefront einen vortretenden Mittelrisalit und akzentuierte den Bau durch die Hinzufügung eines Eckturms. Das für Niederösterreich frühe Beispiel eines neogotischen Villenbaues des romantischen Historismus kennzeichnet eine Geschmacksrichtung, die sich mit nur geringen Abwandlungen bis in die siebziger Jahre halten konnte und vor allem für isoliert stehende, ganz auf die Landschaft bezogene Landhäuser gewählt wurde.

57

Die Kurstadt Baden bei Wien, welche seit der Regierung Kaiser Franz' I. Sommerresidenz des Hofes und bevorzugter Erholungsort mehrerer anderer Mitglieder des Kaiserhauses war, hatte durch einen großzügigen Wiederaufbau nach dem Stadtbrand von 1812 einen bedeutenden Aufschwung genommen. Es entstanden zahlreiche Landhäuser in verhältnismäßig dichter Verbauung, die Eröffnung der Südbahnstrecke (1841) brachte eine weitere Vermehrung der Bautätigkeit. Nun wurde vor allem das Gebiet zwischen Baden und dem Helenental für den Villenbau von Anton Baron Doblhoff aufgeschlossen. Hier errichtete 1847 die Architektengemeinschaft Christian Ludwig Förster[9] und Theophil Hansen inmitten eines großen Gartengrundstücks das Landhaus einer wohlhabenden Dame. Mit seiner durchaus zweckmäßigen und kostenbewußten Ausführung (Gesamtaufwand: 20.000 fl.) sollte das Haus einen behaglichen Aufenthaltsort inmitten reizvoller Landschaft bieten. Die Südfront der Villa wurde zur Hauptstraße gerichtet, die Wohnräume wurden nach Osten orientiert. Vorfahrt und Haupteingang lagen im Norden »an einem schattigen Orte«, um »die im Gefolge der Pferde an heißen Tagen herumschwärmenden Fliegen von den vorzüglichern Wohnzimmern entfernt zu halten«[10]. Vom Eingang gelangte man geradewegs zum zentralen Raum des Hauses, dem Speisesaal, von welchem drei Glastüren auf eine schmale Terrasse im Westen führten und andererseits im Süden ein Gesellschaftszimmer zugänglich war; im Erdgeschoß befanden sich weiters das Arbeitszimmer und das Schlafzimmer der Dame. Über Terrassen mit Treppen konnte man von den Wohnräumen nach Süden und Osten direkt in den Garten gelangen. Im ersten Stock lagen ein weiterer Salon, Gästezimmer und drei große Aussichtsterrassen. Küche, Wirtschaftsräume, Unterkünfte für das Hauspersonal

58

Landhaus in Baden (erbaut 1847).
Architekten:
Ch. L. Förster & Th. Hansen.
Ansicht von Südosten.

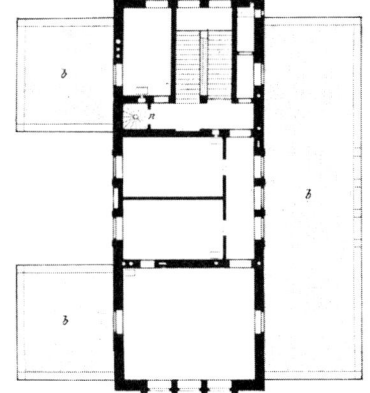

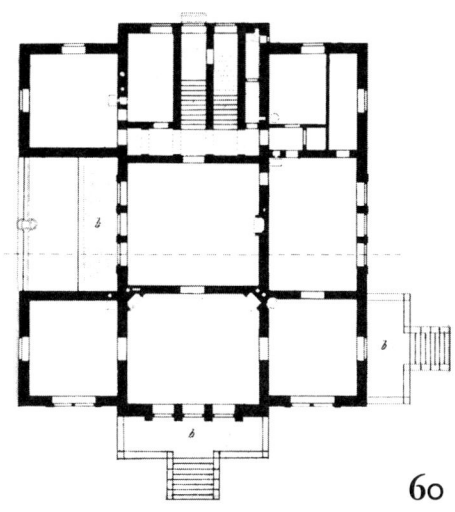

60

Wie 58, Grundriß von Erdgeschoß (unten) und I. Stock (oben).

und ein Weinkeller befanden sich im Souterrain. Der Speisesaalterrasse war ein vertiefter Hof – ähnlich dem englischen Graben an der Rückseite von Schloß Weilburg im Helenental – vorgelagert, der die Räume im Untergeschoß belichtete und Platz für einen Brunnen bot.

Die Villa war in Bruchstein- und Ziegelmauerwerk errichtet, die Souterrainräume waren durchwegs gewölbt. Besonders sorgfältig war die Ausführung der als Terrassen begehbaren Flachdächer über den Seitenflügeln: Auf einer Sandbeschüttung war ein Ziegelpflaster verlegt, das mit einer »halbzölligen Asphaltschicht« abgedeckt war; die Terrassenbrüstungen waren auf die Asphaltdecke aufgesetzt, so daß dem Eindringen von Regenwasser ins aufgehende Mauerwerk vorgebeugt war.

Stilistisch zeigt das Badener Landhaus von Förster und Hansen charakteristische Eigenschaften des prolongierten Klassizismus der vierziger Jahre in Österreich: In den Grundformen ist das Haus klar aus kubischen Elementen zusammengesetzt – es wird »ein quadratischer eingeschossiger Baublock in der Mitte von einem zweigeschossigen, in die Tiefe gestellten Trakt so durchdrungen, daß eine basilikal erscheinende Außengestaltung entsteht« (R. Wagner-Rieger)[11]; dabei ist ein Anknüpfen an Berliner Vorbilder (Landhaus Behrend in Charlottenburg von F. v. Schinkel um 1820) bemerkbar. Für den österreichischen Spätklassizismus typisch sind die Dünngliedrigkeit der Stützen und die starke Durchfensterung. Die geradezu archäologische Detailgenauigkeit der klassizistischen Schmuckelemente scheint der persönliche Beitrag Theophil Hansens an dem Gemeinschaftswerk gewesen zu sein: Bei seinem Aufenthalt in Athen hatte Hansen ausführliche architekturhistorische Forschungen (u. a. am Lysikrates-Monument, am Parthenon und am Erechtheion) unternommen. In Baden scheinen die

Kapitelle, Akrotere und neohellenistischen Fensterrahmungen gleichermaßen von den Bauforschungen vor griechischen Originalen beeinflußt, wie z. B. die Imitation von Quadermauerwerk mit wechselnden Scharhöhen im Außenputz der Villa. Auf Hansens Vorliebe für die Architekturpolychromie an antiken Bauten weisen auch die selbstkritischen Bemerkungen Försters zu der Badener Villa in der »Allgemeinen Bauzeitung« hin: »Es läßt sich nicht läugnen, daß unser Gebäude im Äußern ... mehr Ornamentirung zugelassen, selbst bedingt hätte, wie Gebäude in griechischem Stil überhaupt nur dann eine gewisse Nüchternheit verlieren, wenn sie mit Werken der Bildhauerei und Malerei ausgestattet werden, allein wir leben leider noch immer in einem Zustande geistiger Nüchternheit für das Architektonische, und müssen die Geldmittel, die auf ein bleibendes Ornament verwendet werden könnten, Tapezierern für modische Einrichtungen überlassen, die denn auch in der Regel das Entgegengesetzte von dem liefern, was guter Geschmack und Konvenienz erfordern«[12]. Wohl auf Wunsch der Auftraggeberin wurde die »modische« Innenausstattung der Villa mit Dekorationen in Empireformen nach Art von Percier und Fontaine gestaltet, darunter mit Wandbehängen von ganz ähnlichem Charakter, wie man sie auch im Festsaal des Wiener Polytechnikums hatte anbringen lassen.

Trotz einzelner konservativer Elemente war aber das Badener Landhaus von Förster und Hansen ein durchaus fortschrittliches Werk: Es zeigt ein bewußtes Eingehen auf die spezifische Bauaufgabe, ein Landhaus mit optimalem Erholungswert zu schaffen; besonders deutlich wird dies durch das mehrfache Ausgreifen der Architektur in die Landschaft in Form der zahlreichen Terrassen der Villa – eine Aufgeschlossenheit, die in klarem Gegensatz zu dem nur wenige Jahre älteren, blockhaft isolierten Landhaus Sina in Mauerbach steht.

1849 beauftragte der »kunstliebende Besitzer der Herrschaft Königstetten«[13], Louis Baron v. Pereira, die Architekten Christian Ludwig Förster und Theophil Hansen[14] mit dem Bau einer Villa in der Nähe von Greifenstein an der Donau. Hauptzweck des Landhauses war, dem »Genuß der wundervollen Gegend«[15] zu dienen, einer Landschaft, die schon Jahrzehnte zuvor den Fürsten Johann v. Liechtenstein zum Bau von Aussichtsgebäuden (z. B. dem Obelisk auf seiner Herrschaft Hadersfeld) angeregt hatte. Angeblich bestimmte Baron Pereira selbst die Raumverteilung für seine Villa – ein Anknüpfen der Architekten an die Grundrißdisposition der von ihnen kurz zuvor erbauten Badener Villa ist jedoch unverkennbar: Der Haupteingang wurde an die Rückseite im Osten gelegt. Durch eine Vorhalle gelangt man in eine große mittlere Säulenhalle, den Speisesaal, von dort setzt sich der Weg entweder gerade nach Westen in den Gesellschaftssaal fort, oder man betritt nach Norden die Aussichtshalle: »Durch die grossen Thüren

VILLA BARON PEREIRA IN ALTENBERG VON FÖRSTER & HANSEN (1849)

76

Villa Baron Pereira **61**
(jetzt Villa Pflaum)
in Altenberg a. d. Donau (erbaut 1849).
Architekten:
Ch. L. Förster & Th. Hansen.
Mittelrisalit der Westfront.

Wie 61, Kapitell von der **62**
Eingangsloggia der Nordseite.

Wie 61,
Erdgeschoßfenster der Westfront. **63**

des Speisesaals ... eröffnet sich eine durch die offene Säulenhalle eingerahmte Landschaft mit Bergen und üppigen Baumgruppen zur Seite des Vordergrundes, mit den vielverzweigten Wassern und Auen des Donaustromes im Mittelgrunde und der Stadt Stockerau und dem mährischen Hügellande im Hintergrunde«[16]. Küche und Wirtschaftsräume wurden im Souterrain untergebracht, Wohn- und auch Schlafräume liegen im Erdgeschoß gegen Süden, weitere Schlaf- und Gästezimmer befinden sich im Oberstock, wo große asphaltierte Terrassen (vgl. die Badener Villa) als Spielplätze für die Kinder des Hauses angelegt wurden. Die Villa ist in übersichtlich kubischen Formen gestaltet: Über einem ebenerdigen, im Grundriß quadratischen Baukörper wurde ein längsgerichteter T-förmiger Obergeschoßbau angeordnet, der gegen Westen mit einem mittleren Turmaufbau eine symmetrische Fassade bildet. Obwohl die Ausgangsform – ähnlich wie bei der Badener Villa von Förster und Hansen – ein basilikaler Baukörper war, kann man bei der Villa Pereira doch schon einen deutlichen Zug zur Asymmetrie erkennen: Die Hauptfront mit der Aussichtshalle ist nach Norden gewandt; von hier betrachtet, stellt sich die Villa als interessant gestaffelter, ungleichmäßiger Bau dar.

»Der Baustil ... sollte den Charakter des Romantischen ausdrücken und nähert sich den Formen der byzantinischen und derselben verwandten arabischen Bauweise in freier Auffassung«[17]. Der byzantinisierende Charakter ist zweifellos wiederum auf den Einfluß Theophil Hansens zurückzuführen: Während seines Aufenthalts in Athen (1838–1846) hatte sich Hansen auch intensiv mit der byzantinischen Baukunst auseinandergesetzt, die vom neuerstandenen griechischen Staat als eine Art Nationalstil kultiviert wurde (z. B. die Kathedrale von Athen, erbaut 1842–1862 von E. Schaubert und D. Zezos unter Mitarbeit der Brüder Hansen). Hansen erklärte selbst: »Das Byzantinische ist nach dem Griechischen diejenige Kunst, in welcher sich zunächst etwas Vernünftiges machen läßt«[18]. Byzantinische Stilelemente fanden in mehreren Werken Niederschlag, die Theophil Hansen zur Zeit seiner Ateliergemeinschaft mit Christian Ludwig Förster in Wien (1846–1852) gestaltete, etwa bei der evangelischen Zwölfapostelkirche in Gumpendorf (1846–1849) oder beim Waffenmuseum im Arsenal (ab 1850). Wiederkehrende Elemente waren Rundbogenfriese auf Konsolen, Rundbogenfenster mit farbig abwechselnden, außen spitzbogig konturierten Keilsteinen, betonte Ecklisenen und polygonale, über die ganze Gebäudehöhe aufsteigende Ecktürmchen sowie Zwerggalerien, Loggien und Säulenhallen[19]. Gotisierende Elemente, wie sie an der Gumpendorfer Pfarrkirche oder am Waffenmuseum das Fassadenbild mitbestimmen, wurden in der Villa Pereira nur bei der Innenausstattung (Wandverkleidungen mit Blendmaßwerk) zum Einsatz gebracht. Der byzantinisierende Stil bestimmte Hansens Werk auch nach der Auflösung seiner Arbeitsgemeinschaft mit Förster noch für einige Jahre (z. B. Griechisch-nichtunierte Kirche am Fleischmarkt 1858, Evangelische Friedhofskirche Matzleinsdorf 1857–1858), wurde von ihm aber dann radikal zugunsten neuer Stilformen (Neorenaissance, Neohellenismus) aufgegeben.

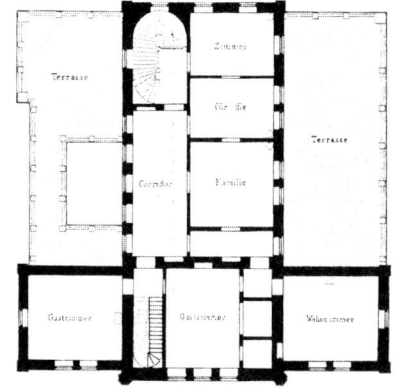

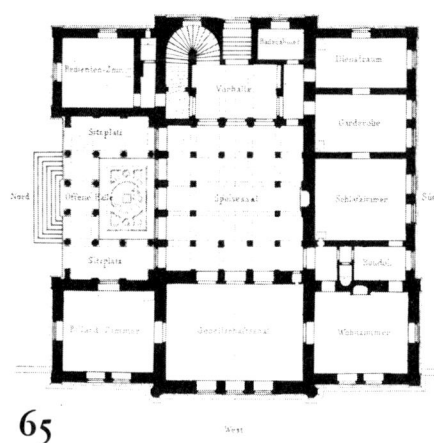

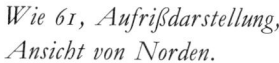

65

*Wie 61, Grundriß von Erdgeschoß
(unten) und 1. Stock (oben).*

*Wie 61, Aufrißdarstellung,
Ansicht von Norden.* **66**

1850 errichtete Stadtbaumeister Paul Wasserburger für sich und seine Brüder eine Villa in Baden[20], welche an architektonischer Wirkung die von ihm schon 1842 errichtete »Theresien-Villa« in der Weilburgstraße noch übertreffen sollte. Wasserburger traf die Grundrißeinteilung seines Hauses selbst, die Fassade und die architektonischen Details wurden dagegen »nach den Plänen der akademischen Professoren v. Sicardsburg[21] und van der Nüll[22]« gestaltet, was als qualitative Aufwertung der Bauaufgabe angesehen wurde. Als fortschrittliches Element in der Grundrißdisposition erhielten vier der großen Wohnräume im Hauptgeschoß eigene Zugänge vom Stiegenhaus. Über dem Treppenhaus wurde zur Belichtung ein Glasdach angeordnet, welches »zur leichteren Verschiebung beim Reinigen und Lüften«[23] auf Rädern gelagert war. Verschiedenste Wirtschaftsräume wurden im Souterrain untergebracht, selbst auf die Einrichtung eines »Soldaten-Einquartierungszimmers« wurde Bedacht genommen. Die Außenerscheinung des Landhauses war durch Stilelemente der Neugotik des romantischen Historismus geprägt, wobei eine Vorliebe für kleinteilige bereichernde Ornamentik und Ansätze jenes später so beliebten »Heimatstils« – besonders bei der Gestaltung der Veranda – auffallen.

Landhaus Wasserburger in Baden (erbaut 1850). Architekten: A. Sicard v. Sicardsburg & E. van der Nüll.

67

68

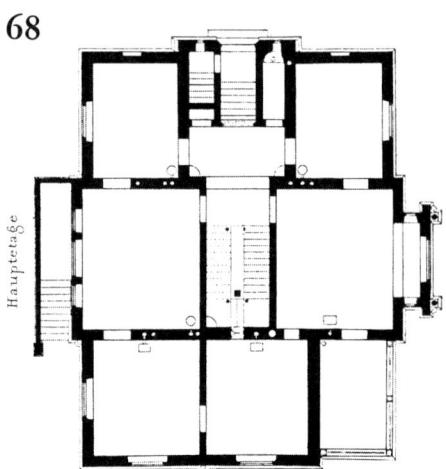

Wie 67, Grundriß des Hauptgeschosses.

Villa in Mödling (erbaut um 1855). **69**
Architekt: C.v. Hasenauer.

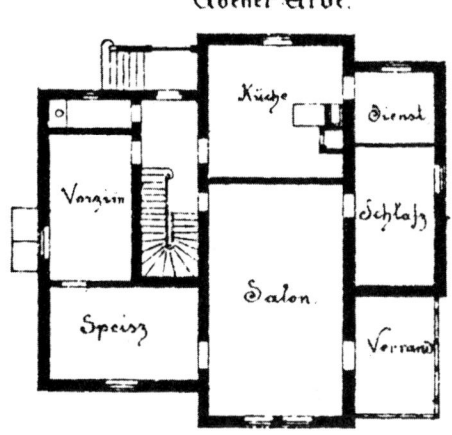

Ebener Erde.

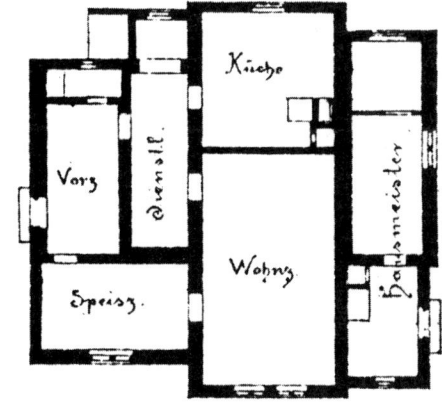

Souterrain.

Wie 69, Grundriß von Souterrain **70**
(unten) und Erdgeschoß (oben).

Stilistisch eng verwandt mit der Villa Wasserburger ist eine nach dem Urteil der Architekturkritik von 1888 in »patriarchalischen urgemüthlichen deutschen Formen ausgeführte Villa«[24] in Mödling von Carl v. Hasenauer[25]. Dieser Bau aus der Mitte der fünfziger Jahre wurde in der »Wiener Bauindustrie-Zeitung« als bahnbrechendes Werk der österreichischen Villenarchitektur und »Beispiel guter Dispositionen und vortrefflicher Ausführung«[26] hervorgehoben. Größte Übereinstimmung mit der Villa Wasserburger besteht in der Gestaltung des Baukörpers: Der längliche giebelig abgeschlossene Hauptbau ist von asymmetrisch angesetzten Seitenflügeln durchdrungen, die ihrerseits wieder in Nebengiebeln enden. Ganz ähnlich zu der Badener Villa Sicardsburgs und van der Nülls weist auch Hasenauers Mödlinger Landhaus die charakteristischen gotisierenden Stilelemente des romantischen Historismus, abgesetzte Giebel, profiliert gerahmte Rechteckfenster, dekorative Rauchfangaufsätze und eine transparente, den Formen des Heimatstils angenäherte Veranda, auf. Zusätzlich ist das Dach mit einer Firstgalerie aus Gußeisen und mit einer bekrönenden Wetterfahne verziert.

Anfang des Jahres 1871 erhielt der Architekt Wilhelm Bäumer[27] den Auftrag zum Umbau eines Landhauses in Korneuburg für einen neuen Besitzer. Zunächst hatte es den Anschein, als konnte der gesamte Altbestand – ein ebenerdiger Bau aus den vierziger Jahren des 19. Jahrhunderts – weiterverwendet und aufgestockt werden. Da der neue Bauherr jedoch die Anlage eines Aussichtsturmes wünschte, mußten beträchtliche Unterfangungen und Verstärkungen der Fundamente vorgenommen werden, was die Baukosten auf den beachtlichen Betrag von 33.000 fl. erhöhte. Obwohl vom Altbau schließlich eigentlich nur die Grundrißdisposition beibehalten wurde, fühlte sich der Architekt bei der Außengestaltung dem gotisierenden Stil des Vorgängerbaues nach wie vor verpflichtet: »Der Charakter ... war leider durch die vorhandenen Formen und Bausteine, Zinnen u.s.w. ... vorgezeichnet, er ähnelt den englisch-gotischen Cottages«[28]. Es ist anzunehmen, daß es der ausdrückliche Wunsch des Bauherrn war, das Haus in den Stilformen des romantischen Historismus zu gestalten, wie sie für die siebziger Jahre bereits veraltet waren: Die von der Tudorgotik abgeleiteten rechteckig abgesetzten Fensterbekrönungen und die polygonalen Ecktürmchen gehörten dem Formenrepertoire der vierziger und fünfziger Jahre an (vgl. Villa Münch-Bellinghausen in Merkenstein, Villa Pereira bei Greifenstein, Villa Warrens in Payerbach).

Von sich aus war der Architekt keineswegs einer veralteten Stilauffassung verpflichtet: Wilhelm Bäumer, ein namhafter Baukünstler, war 1870 zur Ausführung des von ihm entworfenen Nordwestbahnhofs von Stuttgart nach Wien berufen worden; sein Werk – der letzte repräsentative Großbahnhof der Ringstraßenzeit in Wien – war stilistisch durchaus avanciert und mit seiner riesigen Glas-Eisen-Personenhalle auch bautechnisch hochmodern gestaltet. Wilhelm Bäumer konnte aber sogar an dem stilistisch konservativen Bau der Villa Gross in Korneuburg seine Vorliebe für Eisenskelettkonstruktionen durchsetzen und damit dem Landhaus doch noch einen modernen Akzent geben: Der Architekt fügte dem Baukörper einseitig asymmetrisch ein funktionalistisch gestaltetes Glashaus an, welches mit den Erdgeschoßräumen der Villa direkt in Zusammenhang stand. Für den Durchblick der Enfilade von Speisezimmer über Billardzimmer und Salon ins Glashaus war im Wintergarten ein Springbrunnen als optischer Zielpunkt angelegt. Aufwendig war die Innenausstattung der Villa: Im Billardzimmer in der Mitte des Parterres wurde ein Eckkamin aus Porto-Venere-Marmor errichtet, die Plafonds der Gesellschaftszimmer erhielten Stukkaturen nach Entwürfen des Architekten, ausgeführt vom Hofbildhauer F. Schönthaler.

Villa Gross in Korneuburg **71**
(erbaut 1871).
Architekt: W. Bäumer.
Aufrißdarstellung der Vorderfront.

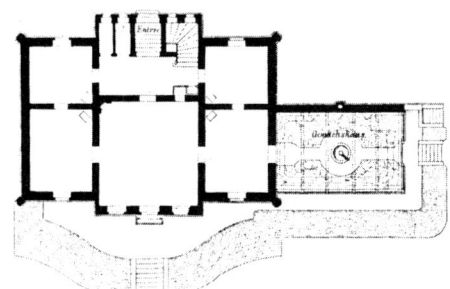

Wie 71, Grundriß des Erdgeschosses. **72**

Vorgängerbau der Villa Gross in
Korneuburg (erbaut um 1845).
Aufrißdarstellung der Vorderfront. **73**

1871, im gleichen Jahr, als W. Bäumer die Umgestaltung der Villa Gross in Korneuburg durchführte, entstand am gegenüberliegenden Donauufer in Kritzendorf ein Landhaus für den Wiener Bankier Voelcker[29] nach Entwurf des Architekten Emil Ritter v. Förster[30]. Das Haus erhielt eine übersichtliche symmetrische Grundrißform, ganz ähnlich wie der Hauptbau der Villa Gross in Korneuburg. Der Eingang wurde an der Rückseite im Süden angeordnet, durch einen Vorraum erreichte man den Salon im Zentrum des Parterres, der gemeinsam mit dem darüberliegenden Schlafzimmer an der Nordfront des Baues als vorgeschobener Mittelrisalit in Erscheinung trat. Zur Steigerung des Landschaftsgenusses, der vor allem durch den weiten Ausblick über die Donau nach Norden gegeben war, wurden im Parterre und im ersten Stock drei Loggien angeordnet, von denen die beiden im Nordosten in Renaissanceformen und die nordwestliche als pflanzenüberwachsene offene Veranda gestaltet waren. Der Aufbau eines

VILLA VOELCKER IN KRITZENDORF VON EMIL V. FÖRSTER (1871)

74

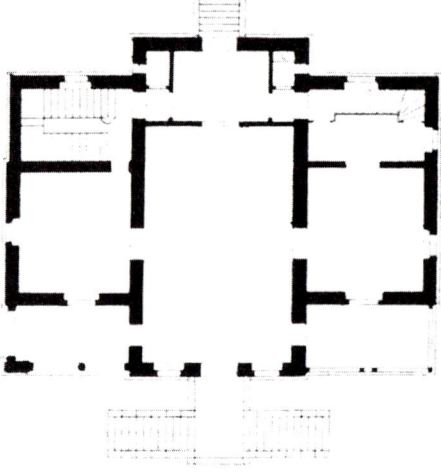

Villa Voelcker in Kritzendorf (erbaut 1871).
Architekt: E. v. Förster.

Wie 74, Erdgeschoßgrundriß.   75

Turmzimmers über dem Ostflügel verschaffte der Villa – ähnlich wie bei dem Landhaus Pereira von Förster & Hansen – eine symmetrische Nebenfassade, während die Hauptfront eine interessante Baumassenstaffelung präsentierte. Stilistisch war die Villa mit Detailformen der italienischen Frührenaissance geprägt und stand damit ganz im Rahmen der Wiener Architektur des strengen Historismus der siebziger Jahre.

VILLA MITSCHA IN HADERSDORF VON WILHELM BÄUMER (1872)

1872 beauftragte Dr. v. Mitscha den Architekten Wilhelm Bäumer mit dem Entwurf und der Ausführung eines Landhauses[31] in Hadersdorf an der Westbahn, einem zu dieser Zeit sehr beliebten Villenbaugebiet in der näheren Umgebung Wiens. Da der Bauherr die Wahl der ebenen Stellen des Grundstücks (entlang der Straße und am höchsten Punkt des Areals) wegen der von ihm befürchteten Belästigungen durch Straßenstaub und starken Wind ablehnte, mußten zum Bau der Villa in Hanglage größere Felssprengungen und Erdbewegungen vorgenommen werden. Das Haus wurde über symmetrischem Grundriß errichtet, die bergseitige Böschung an der Rückseite wurde mit einer Futtermauer abgestützt. Der Zugang erfolgte vom Garten über eine zweiläufige Aufgangstreppe auf eine halbkreisförmig vorspringende Terrasse mit Springbrunnen und weiter durch einen Säulenportikus. In der Mitte des Parterres befand sich ein Vestibül, durch welches man zum Stiegenhaus und zum hinteren Nebeneingang gelangte und auch die salle à manger betrat. Links und rechts war das Erdgeschoß in zwei Flügeln vorgezogen, die den Portikus einschlossen und links ein großes Spielzimmer, rechts das Arbeitszimmer des Hausherrn enthielten. Nach rückwärts orientiert lagen im Erdgeschoß auch noch Küche und Dienerzimmer. Vom Spielzimmer zugänglich war eine verglaste Holzveranda (»Salettl«), welche zugleich einen

76

Villa Mitscha in Hadersdorf (erbaut 1872). Architekt: W. Bäumer. »Ansicht gegen die Strasse Hadersdorf–Haimbach«.

77 *Wie 76, Aufrißdarstellung der Gartenfront.*

78

*Wie 76, Aufrißdarstellung der Seitenfront
mit gedecktem Übergang in den Garten.*

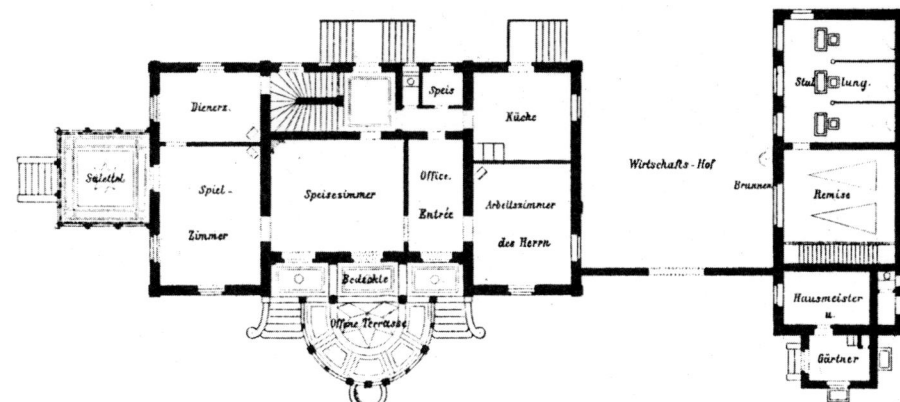

Wie 76, Grundriß des Erdgeschosses.

Nebenausgang in den Garten bot. Der erste Stock besaß die gleiche Grundrißeinteilung wie das Parterre und enthielt neben einem mittleren Salon die Schlafräume für das Hausherrenehepaar, die Kinder und Erzieherinnen. An der Rückseite der Villa war ein verglaster Communications-Gang vorgelagert, der über eine ebenfalls verglaste gedeckte Brücke einen ebenen Verbindungsweg in den hinter dem Haus ansteigenden Garten bildete. An der Gebäudefront lag über dem Portikus ein Balkon im ersten Stock, der gegen starke Sonneneinstrahlung mit einer Markise abgeschirmt werden konnte. Über dem rechten Seitenflügel war die Villa mit einem turmartigen Aussichtszimmer asymmetrisch aufgestockt. In einem separaten kleinen Gebäude, welches mit der Villa durch eine Gartenmauer verbunden war und solcherart einen Wirtschaftshof umschloß, lagen die Stallungen mit der Wagenremise und einer Hausbesorgerwohnung.

Stilistisch läßt die Villa Mitscha in Hadersdorf eine Mischung von Elementen des strengen Historismus (Grundform des Gebäudes, Fassadenelemente wie Fensterbekrönungen, Portikus, Turmgeschoß) mit Formen des Heimatstils erkennen (z. B. der pawlatschenartige Verbindungsgang mit Brücke oder das Salettl in Ständerbauweise mit Laubsägeornamenten). Die Innenausstattung des Landhauses wurde von namhaften Künstlern gestaltet: Ein Münchener Hoftischler lieferte das Mobiliar, die plastischen Ornamente wurden nach Entwürfen des Architekten vom k. k. Hofbildhauer Franz Schönthaler (1821–1904) ausgeführt, der zu dieser Zeit unter der Leitung W. Bäumers auch an der Gestaltung des Hofsalons im Wiener Nordwestbahnhof arbeitete.

88

MARIO SCHWARZ

Die Landhausarchitektur am Beispiel von Reichenau

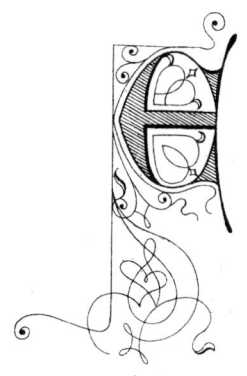 ntwicklung und Charakter der Villenarchitektur vom Beginn des Eisenbahnzeitalters bis zum Ende der Monarchie lassen sich wie in keinem anderen Gebiet Niederösterreichs im Tal von Reichenau an der Rax ablesen. Hier sind nicht nur verschiedenste Ansätze und Ausgangspunkte für die Bauaufgabe der Villa zu beobachten, sondern auch die Strukturwandlung eines Gebiets und die damit zusammenhängenden Veränderungen in den architektonischen Lösungsmöglichkeiten.

Schon am Anfang des 19. Jahrhunderts hatten die Wiener die pittoreske Gebirgslandschaft um Rax und Schneeberg erstmals als Ausflugsgebiet entdeckt. Vor allem die Besteigungen des Schneebergs durch Kaiser Franz (1805 und 1806) hatten eine Welle romantischer Begeisterung für diese Alpenregion ausgelöst. Wie aber aus Beschreibungen von »Fußreisen« ins Schneeberggebiet[1] zu entnehmen ist, hatten damals derartige Ausflüge noch durchaus den Charakter von Expeditionen. Der »Kaiserbrunnen« im Höllental galt als Vorposten der Zivilisation in einem Urwaldgebiet, das erst in Rodung begriffen war und ein höchst abenteuerliches Jagdrevier darstellte. Unterkunft bot in Reichenau der bescheidene Thalhof, der sich aber bald größter Beliebtheit erfreute und von Mitgliedern des Kaiserhauses ebenso gern besucht wurde wie von der Prominenz aus Finanz- und Künstlerkreisen[2].

1838 wurde im Auftrag von Erzherzog Johann die Erbauung einer Eisenbahn über den Semmering und damit die Schaffung einer durchgehenden Bahnverbindung von Wien über die Steiermark nach Triest projektiert. 1842 war die Strecke bis Gloggnitz fertiggestellt, für den Weiterbau über den Semmering lagen jedoch negative Gutachten der Fachleute vor. So erschien die Verwirklichung der Gebirgsbahnstrecke durch Karl Ritter v. Ghega als Unternehmen von eminent romantischem Charakter: In festem Vertrauen auf den Fortschritt im

Maschinenbau wurde die für unmöglich gehaltene Bezwingung der Natur durch die Technik gewagt – zum Zeitpunkt der Trassierung der Bahn waren geeignete Lokomotiven noch nicht einmal konstruiert[3]. Zum romantischen Erlebnisgegenstand wurde die Semmeringbahn vollends durch ihre Streckenführung: Wie in einem Film reihen sich da unerwartete Ausblicke, Hell-Dunkel-Kontraste durch Tunnels und Galerien, Richtungsänderungen und schwindelerregende Tiefblicke aneinander. Eine völlig neue Art des Landschaftserlebnisses, das simultane Landschaftsbild der kontinuierlichen Bewegung, war hier ermöglicht. Wie stark dieses Erlebnismoment empfunden wurde, zeigt schon die Eröffnungsfahrt im Jahre 1854: Kaiser Franz Joseph unternahm die Besichtigungsfahrt auf einem offenen Plateauwagen und ließ »den Zug an den schönsten Stellen der Bahn halten«[4]. Aussichts-Sonderzüge zwischen Gloggnitz und Müzzuschlag bildeten jahrzehntelang eine beliebte Attraktion des Semmeringgebiets[5].

Durch die Eröffnung der Station Payerbach (1853) war das Reichenauer Tal dem Wiener Publikum mit einem Mal ebenso leicht zugänglich wie die Erholungsgebiete von Mödling und Baden zur Biedermeierzeit. Damit stand aber auch eine Hochalpenlandschaft mit unvergleichlicher Szenerie als Entfaltungsraum für eine Villenarchitektur zur Verfügung, die den Vorstellungen des romantischen Historismus ideal entsprach: Wenn nun hier an ausgewählten Plätzen und auf relativ eng begrenzten Grundstücken Villen entstanden, so waren sowohl die architektonische Wirkung der Bauten in der Landschaft als auch der Erlebnis- und Erholungswert dieser Landhäuser entscheidend geprägt von der Mitbenützung der pittoresken Umgebung[6].

Es ist bezeichnend, daß ein amerikanischer Schriftsteller, Eduard Warrens, 1854 die erste Villa im Tal von Reichenau, und zwar in Payerbach »in einer von der Natur schön angelegten und durch den Kunstsinn des Eigenthümers ... verschönerten Parkanlage«[7] erbauen ließ. Der Architekt, Otto Thienemann[8], wählte als Grundriß zwar eine »möglichst geschlossene einfache Figur«, war aber bestrebt, gleichzeitig »eine monotone Symmetrie in den Façaden zu vermeiden«[9]. Dieses Prinzip entsprach den Vorstellungen des romantischen Historismus, die in der Auflockerung des Baukörpers und im Setzen asymmetrischer Akzente den Ausdruck des Individuellen, Zufälligen und wie von alters her Gewachsenen erzielen wollten. Der Haupteingang der Villa Warrens lag im Norden am Rand eines Gartenparterres mit Springbrunnen; die vorgelagerte Veranda, ein Gußeisen-Ständerbau, war vom viergeschossigen Turm an der Nordwestecke flankiert. Die Terrasse des großen Salons im Erdgeschoß und der Balkon des Mittelzimmers im 1. Stock waren nach Osten orientiert, wo sich »die vollkommenste Aussicht in das reizende Thal der Schwarza«[10] bot. Dagegen war das Haus nach Westen zur Bergkulisse der Rax weitgehend abgeschlossen; hier lagen das Stiegenhaus sowie ein separater Eingang für die Dienerschaft, der auch zu den Wirtschaftsräumen im Souterrain führte. Stilistisch war das Haus ähnlich wie J. J. Romanos Villa Münch-Bellinghausen in Merkenstein mit Elementen der Tudorgotik (Rechteckfenster mit steinernem Sturz und Pfosten, abgesetzte Profilrah-

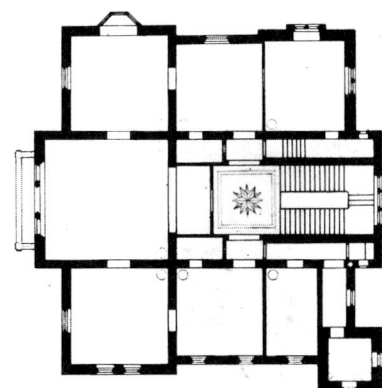

80

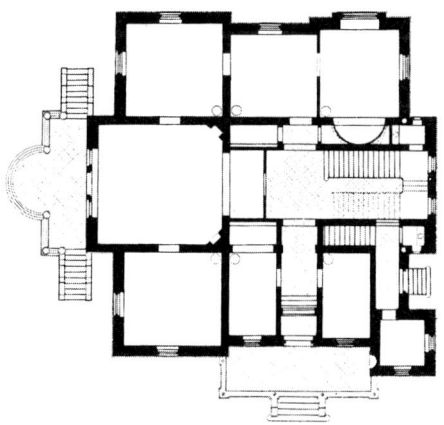

mungen, Kielbogenformen) und Motiven der Burgenromantik (Zinnen am Turm und an den Gesimsen) ausgestattet. Durch die Verwendung kostbaren Steinmaterials für Fenster, Balkonbalustraden sowie für die Hauptstiege (Untersberger Marmor) beliefen sich die Baukosten auf den stattlichen Betrag von 38.000 Gulden.

War die Villa Warrens der individualistische Landsitz eines reichen Privatmanns, so bestimmte den Bau der »Rudolphsvilla« auf der Waag bei Reichenau (1858) durch Alois Waissnix ein kommerzielles Motiv: Der Besitzer des Thalhofs war bestrebt, seinen prominenten Gästen eine luxuriöse Aufenthaltsmöglichkeit in dem immer mehr an Beliebtheit gewinnenden Erholungsgebiet anzubieten, und tatsächlich mietete der Hof ab 1859 das »im englischen Style«[11] erbaute Haus für den Sommeraufenthalt des Kronprinzen Rudolf und seiner Schwester. Einen neuerlichen Anreiz für das Reichenauer Gebiet brachte im Jahre 1866 die Gründung der Kaltwasserheilanstalt »Rudolphsbad« durch den berühmten Wiener Professor für Medizin Dr. Ferdinand v. Hebra. 1869 ließ sich Hebra in unmittelbarer Nähe der Kuranstalt ein eigenes Landhaus erbauen. Der von ihm beauftragte Architekt Wilhelm Ritter v. Flattich[12] wählte eine vom Bautyp der Villa Warrens grundverschiedene, jedoch zukunftsweisende Gestaltungsform:

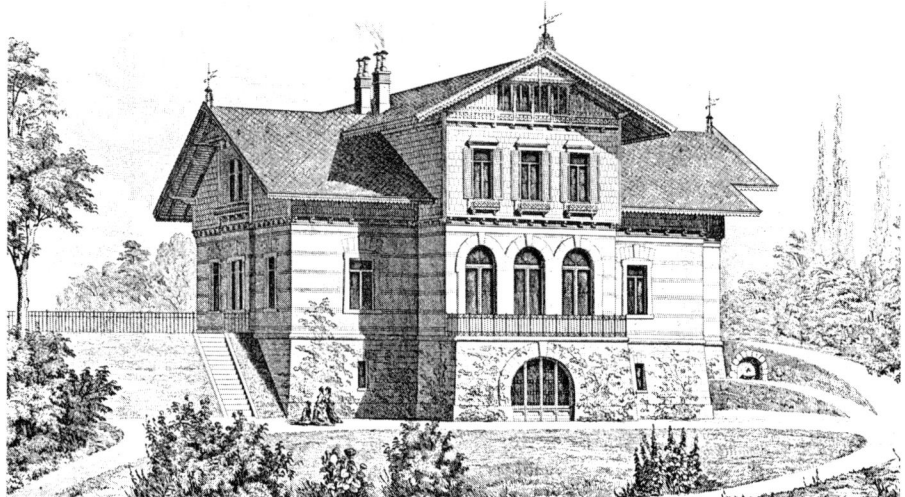

83

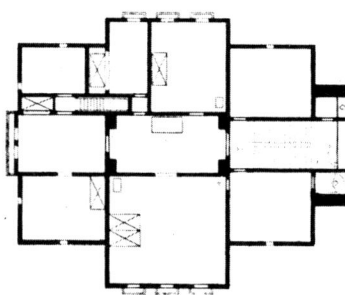

Wie 83, Grundriß des 1. Stocks. **84**

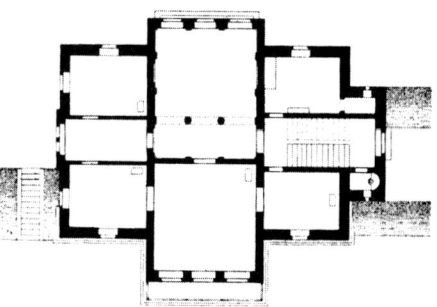

Wie 83, Grundriß des Erdgeschosses. **85**

Das Haus richtete seine Hauptfront zur Wetterseite nach Westen und eröffnete dadurch den bevorzugten Räumen (Salon im Parterre, großes Schlafzimmer im 1. Stock) den Ausblick auf das Raxpanorama; die Eingangsfront lag abgekehrt an der Ostseite. Diese aus heutiger Sicht naheliegende Orientierung des Hauses erschien Flattich offenbar selbst noch so gewagt, daß er seine Gestaltungsform in der »Allgemeinen Bauzeitung« eigens rechtfertigte[13]. Ausdrücklich begründet wurde auch die Wahl des Baumaterials: »Das Gebäude ist im Rohbau ausgeführt, da in Gebirgsgegenden der Verputz durch die Witterung leicht nothleidet, . . . für den Unterbau ist der ordinärste Thonschiefer, welcher sich in dortiger Gegend in dunkelbläulich-grauer Farbe vorfindet . . . gewählt«[14]. Sowohl im Baumaterial als auch in der Bauform konnte Flattich auf regionale Erfahrungen zurückgreifen, die er bei der Planung von Bahnwärterhäusern entlang der Semmeringstrecke gemacht hatte[15]. Die Verwendung des Schiefer-Bruchsteinwerks wie auch das stark vortretende und nur mäßig geneigte Satteldach und die einfache symmetrische Grundrißform machen die Villa Hebra mit Flattichs Eisenbahnerhäusern eng verwandt. Diese Übereinstimmung wurde aber keineswegs als typologische Abwertung verstanden, sondern bedeutete ja die Orientierung an einem damals hochmodernen Baugegenstand, dem Komplex der Eisenbahn, der samt und sonders als Gipfel der Fortschrittlichkeit galt. Flattich schuf mit der Villa Hebra nicht nur eine standortgerechte, sondern auch eine bewußt kostengünstige Architektur: Das Haus, welches etwa ebenso viele Räume umfaßte wie die Villa Warrens, war im 1. Stock als Riegelbau konstruiert, der außen schindelverkleidet, innen verschalt und stukkiert war. Die Holzteile waren gefirnißt bzw. gestrichen, und so trugen »die verschiedenen Farben der angewandten Materialien . . . das meiste zur Zierde des Gebäudes bei, da es der Form nach in der einfachsten Weise behandelt ist«[16]. Der geradezu programmatische Bautyp der Villa Hebra war mit seinen geringen Baukosten (23.000 fl.) geeignet, weite Schichten neuer Bauinteressenten anzusprechen. Die Villa dieses Typs war vorwiegend als rezeptiver Bau Objekt mit Erholungswert, während die repräsentative Komponente der Außenerscheinung und der eindrucksvollen Wirkung in der Landschaft deutlich zurückgedrängt wurde.

Siehe Abb. 86–90
Von größter Bedeutung für die Landhausarchitektur in Reichenau war die Errichtung der Villa Wartholz durch Erzherzog Karl Ludwig, einen Bruder Kaiser Franz Josephs. 1869 wurde der Architekt Heinrich v. Ferstel[17] mit der Ausarbeitung der Pläne betraut, 1870 erfolgte der Ankauf eines weitläufigen Grundstücks, des »Warthölzls« zwischen Reichenau und Edlach, und nach sofortigem Baubeginn war die Anlage des Landsitzes samt Nebengebäuden 1872 vollendet. Obwohl N. Wibiral Wartholz als »herrschaftliches Landhaus, also eigentlich Schloß im alten Sinn«[18] sieht, war dieses Haus vom Architekten in absichtlichem understatement eindeutig als Villa angelegt: Nicht die Repräsentationsform einer Herrschaftsresidenz auf dem Lande wurde gewählt wie bei den Schloßbauten des Historismus in Grafenegg oder Hernstein, sondern der Typ des intimen, fast verbürgerlichten Familienlandsitzes, bei welchem das Element des individuell Wohnlichen in Verbindung mit dem Landschaftserlebnis im Vordergrund stand. Wartholz war gleichzeitig ein Projekt, bei welchem der Bauherr das Raumprogramm bis ins Detail mitbestimmte. Um den intimen familiären Charakter des Hauses noch zu unterstreichen, wurden die Unterkünfte der

Siehe Abb. 91
Dienerschaft, die Stallungen, Remisen und Gärtnereien räumlich vollkommen getrennt in Nebengebäuden untergebracht, die zum Teil im Wald versteckt lagen[19]. Es war aber weder die Absicht des Bauherrn noch des Architekten, die Außenerscheinung der Villa zu vernachlässigen: Wartholz wurde mit seiner Hauptfassade nach Osten sogar auf eine eindrucksvolle Fernwirkung berechnet. Von den anderen Seiten wirkt die Villa allerdings zerklüftet und uneinheitlich. Der Haupteingang befindet sich an der rückwärtigen Front im Westen und besitzt eine überdeckte Einfahrt in Form einer Glas-Gußeisen-Konstruktion; durch den angrenzenden Wald ist die Villa zwar wetterseitig geschützt, gleichzeitig aber auch ihres Gebirgspanoramas beraubt, welches nur vom Aussichtszimmer im Turm überblickt werden kann. Die bevorzugten Räume im Parterre (Salons, Bibliothek) und im 1. und 2. Stock (Arbeits- und Schlafzimmer der kaiserlichen Familie) sind nach Osten orientiert, wo sich ein lieblicher, allerdings akzentarmer Ausblick ins Tal der Schwarza bietet. Weitere Räume (Speisezimmer) öffnen sich nach Süden, während der Bau gegen Norden abweisend geschlossen ist. Im Kern des Hauses befindet sich ein glasgedeckter Innenhof, der vom Stiegenhaus und vom Querkorridor im Parterre und im 1. Stock jeweils durch Rundbogenarkaden abgetrennt ist. Die Hauptstiege im Westen, eine zweiläufige Anlage, führt nur in den 1. Stock, eine separate elliptische Wendeltreppe erschließt vom Hof aus

86

Wie 86, Grundriß des 2. Stocks. **87**

sämtliche Geschosse. Vom Vestibül ebenerdig zugänglich ist die durch zwei Geschosse reichende, im Inneren klassizistisch gestaltete Kapelle; über einer Sakristei im Osten befindet sich die Empore der kaiserlichen Familie. Im 2. Stock zeigt sich die unregelmäßige Struktur des Baukörpers: Zum Teil liegen hier die Räume im voll ausgebauten Geschoß über dem südwestlichen Salon, zum Teil befinden sich die Zimmer im Giebelbereich und sind als Mansarden durch Dachgaupen belichtet, die im Außenbau als Giebel und Spitzdächer in Erscheinung treten; daneben liegen in diesem Stockwerk aber auch noch große ungenützte Dachbodenräume. Im Erdgeschoß wird der Bezug zur Landschaft deutlich: Östlich ist den Gesellschaftsräumen eine Veranda – ein Gußeisen-Ständerbau – vorgelagert, und eine ähnliche Pergola befindet sich südlich vor dem großen Ecksalon. Hier waren Kletterpflanzen vorgesehen, durch die einerseits das Malerische, Zufällige und auch die farbige Wirkung des Baues unterstrichen werden sollten, und andererseits einem für die Zeit typischen romantischen Naturgefühl entsprochen wurde, um »gewissermassen den durch den Bau in Anspruch genommenen Gartenraum wieder zu ersetzen«[20]. Daß das Haus vor allem im Dienste der Erholung und des gesteigerten Naturerlebnisses stand, zeigt auch die Gestaltung des Vorplatzes: Eine zweiläufige Rampe führt vom

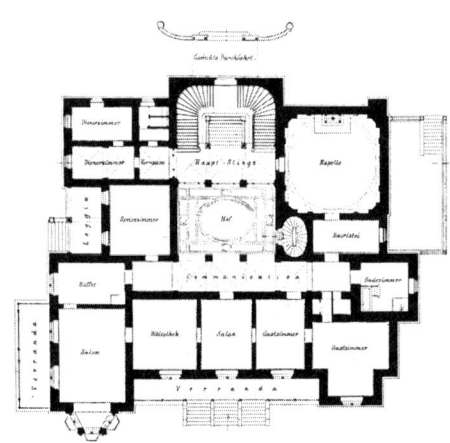

Wie 86, Grundriß des Erdgeschosses. **88**

tiefergelegenen Blumenparterre des Gartens zur Ostfront der Villa; sie ist wie eine Auffahrt angelegt, doch mit Stufen unterteilt und nur als Promenade gedacht. Die nymphäenartige Schauwand der Rampe mit Vasennischen und Figurenschmuck trug noch wesentlich dazu bei, die Fassadenwirkung der Villa zu steigern.

Bei der Gestaltung der Villa Wartholz griff Heinrich v. Ferstel nicht so sehr auf seine Erfahrungen auf dem Gebiet der Schloßarchitektur[21] zurück, sondern vor allem auf seine eigenen früheren Villenbauten (Villa in Türmitz, 1852; Villa Wisgrill am Traunsee, 1860–1861). In den Bauformen zeigt die Villa Wartholz manche Beziehungen zu Ferstels Wiener Monumentalbauten der sechziger Jahre, etwa bei den Elementen der italienischen Renaissance, der Vielfalt im gewählten Baumaterial und der Verwendung textil gemusterter Rohziegelschauflächen[22].

Flattichs Villa Hebra – im gleichen Jahr entworfen wie Wartholz – blieb kein vereinzelter Vorstoß zu neuen praktischen, mehr verbürgerlichten Formen im

Wie 86, nordöstlicher Risalit der Vorderfront. **89**

Wie 86, »Vorfahrt« im Erdgeschoß an der Westseite. **90**

95

*Wirtschaftsgebäude der Villa Wartholz
in Reichenau (erbaut 1872).
Architekt: H. v. Ferstel.*

91

92

*Villa Jacobsen (jetzt Villa »Bergfried«)
in Reichenau, Schneedörfl
(erbaut 1873–1874).
Architekt: H. v. Ferstel.*

*Villa Graf Széchényi in Reichenau
(erbaut um 1880, später verändert).
Ansicht um 1900.*

Landhausbau. Auch Heinrich v. Ferstel errichtete 1873–1874 ein Landhaus im Schneedörfl bei Reichenau für einen bürgerlichen Auftraggeber, Martin Jacobsen[23]. Ferstel fand eine ähnliche Ausgangssituation vor wie bei Hebras Grundstück: Die Hanglage empfahl die Orientierung der Schaufassade zur Rax. Die von Ferstel gewählte Bauausführung war analog zu Flattichs Überlegungen vom Nutzbau her abgeleitet: Der Architekt gestaltete die Villa als Fachwerkbau mit stark vorspringendem Satteldach in deutlicher Anlehnung an die Wirtschaftsgebäude von Wartholz. Die Aufgabe des Hauses als Erholungsstätte war betont (große offene Veranda), die Repräsentationsfunktion deutlich hintangestellt. Auch in diesem Fall wäre es verfehlt, die Übereinstimmung zwischen dem Wirtschaftsgebäude eines kaiserlichen Landsitzes und der Villa eines bürgerlichen Bauherrn als Deklassierung der Bauaufgabe, als minderwertige Einstufung des Bauauftrags zu werten. Vielmehr befaßte sich Ferstel seit 1872 im Rahmen der von ihm inaugurierten Wiener Cottagebewegung[24] sehr ernsthaft und engagiert mit dem architektonischen Gestaltungsproblem des bürgerlichen Einfamilienhauses und mit dem Bautyp der Kleinvilla, dem er sowohl auf dem Land wie im Umraum der Großstadt eine bedeutende Zukunft vorhersagte.

Landsitz Baron Rothschild in Reichenau,
Hinterleiten (erbaut 1884–1888).
Architekten: Bauqué & Pio.
Ansicht von Norden.

94

95

Wie 94, Grundriß des Erdgeschosses.

98

Seit den so differenzierten Baulösungen der Villen Wartholz bzw. Hebra und Jacobsen bestanden in Reichenau zwei klar getrennte Gestaltungsmöglichkeiten in der Landhausarchitektur: Die eine Richtung blieb stärker auf die Außenerscheinung und die Wirkung des Baues in der Landschaft bezogen und zeigte das Bestreben, die vom romantischen Historismus gelieferten Stilzitate noch weiter zu variieren und zu steigern. Die zweite Richtung stellte die Villa ganz in den Dienst des optimalen Landschaftsgenusses und führte im allmählichen Übergang zu verspielten »ländlichen« Formen (Tiroler- und Schweizerhausstil) zu einer unerwarteten Übereinstimmung mit den romantischen Landschaftsidealen des 18. Jahrhunderts – den Hameaus, Bauerndörfchen und Einsiedeleien[25].

Der weitere Villenbau im Reichenauer Tal war bis zum Ende der Monarchie von den beiden erwähnten Hauptrichtungen gekennzeichnet. Das hervorragendste Beispiel der ersten Gruppe war der Landsitz, den Nathanael Baron Rothschild in der Hinterleiten bei Reichenau vom Architekturbüro Bauqué & Pio erbauen ließ[26]. Wetteifernd mit der kaiserlichen Villa Wartholz, errichtete man inmitten eines großzügig angelegten Parks ein wahres Märchenschloß mit überreichem dekorativem Aufgebot von Giebeln, Rauchfangaufsätzen und Türmchen in französischen Renaissanceformen, Erkern, Fachwerk, Rohziegelmauern und glasierten Dachziegeln in ornamentalen Mustern. Bescheidener im Umfang, doch ebenso auf ihre üppig-dekorative Außenerscheinung berechnet war die Villa des *Siehe Abb. 93* Grafen Széchényi an der Curhaus-Promenade mit Ziegelmustern, Fachwerk und Laubsägeornamentik; ein malerisch-differenziertes Erscheinungsbild in italienischen Renaissanceformen von beachtlicher architektonischer Qualität bot die Villa Fränkl in der Nähe des Thalhofs[27]. Dem einfacheren Typ der Kleinvilla folgten Holzbauten wie die Villa des berühmten Wiener Arztes Prof. Dr. Friedrich Schauta am Schneebergweg – ein Haus im Tirolerstil mit Umgangsbalkonen, Glockentürmchen und der demonstrativ-bescheidenen Devise »Wald-Hütte« – und die Villa Lovasy, ein skandinavisches Ferienhaus, welches, als Blockbau zerlegt, aus Stockholm importiert und in Reichenau zusammengesetzt wurde.

Hatten die bisher genannten Villen entweder durch ihre günstig gewählten Eigengrundstücke (Wartholz, Rothschild) oder durch ihre Lage am Waldrand (Hebra, Jacobsen, Széchényi, Fränkl, Lovasy) bzw. im Wald (Schauta) Individualität in der umgebenden Landschaft gewahrt, so konnte die steigende Nachfrage nach Baugrundstücken bald nur mehr durch die Parzellierung des Talgrundes und die Anlage einer Villenkolonie (»Neu-Reichenau«)[28] befriedigt werden. Diese Landhäuser folgten meist dem repräsentativen Bautyp (z. B. die Villa der Gräfin Castell oder das Jugendstilhaus v. Angeli), hatten nun aber freilich nichts mehr gemeinsam mit den Villen der Anfangssituation – der offenen Landschaft und dem individuellen Naturerlebnis. Reichenau war inzwischen als Sommerfrische des Thronfolgers zu einem mondänen gesellschaftlichen Treffpunkt geworden[29], die Villenbautätigkeit bis zum Ende der Monarchie unterschied sich aber kaum mehr von jener Massenverbauung, wie sie an vielen Orten Niederösterreichs, die durch die Eisenbahn erschlossen worden waren, das Landschaftsbild veränderte.

KLAUS EGGERT

Aspekte niederösterreichischer Villenarchitektur des Kontinuismus

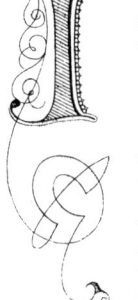m vorhergehenden Abschnitt führte Mario Schwarz eine exemplarische niederösterreichische Villenregion vor, exemplarisch in der Vielfalt der Bautypen und im Bezug zu einer Landschaft, welche im Sinne der Zeit romantische Stimmungsgehalte evozieren half.

Im folgenden wird keine »Villenregion« untersucht, es werden einzelne Möglichkeiten erwähnt. Gerade beim Villenbau ist die Phantasie des 18. bis 20. Jahrhunderts groß, soweit es schöpferisch und kontinuierlich Anregungen früherer Kunst steigerte – kunsthistorischer Vorarbeiten sind dagegen wenige, die Zukunft kann also noch wesentliche Funde bringen.

Welche Kriterien weisen die Zeitgenossen in der Kunsttheorie dem Bautypus »Villa« zu? Über den Grundriß äußert sich beispielsweise Albert Geul, Professor an der Technischen Hochschule München, in einem Werk über Wohnbau, das die wichtigsten europäischen – also auch österreichischen – Typen seiner Epoche berücksichtigt. Nach Geul liegen bei einer Villa die Hauptwohnräume im Erdgeschoß, untergeordnete Wohnräume im 1. Stock. So haben die Hauptwohnräume Verbindung zum Garten, was ja angestrebt war. Diese Verbindung geschieht bei einer Villa meist durch offene oder überbaute Terrassen, Veranden und ähnliches. Eine Villa ist eben ein Bautypus, bei dem in romantischer Weise kontinuierliche Übergänge vom Bau und der zu seinem bildmäßigen Eindruck gehörenden Landschaft formalsymbolisch in intensiver Weise ausgedrückt werden sollen. Der Oberstock enthält nach Geul besonders die Schlaf- und Gastzimmer. Bei städtischen Häusern, die nur eine Wohnung enthalten – wie Villen im Idealfall – liegen dagegen in unserer Epoche meist die Haupträume im 1. Stock. Hauswirtschaftliche Räume befinden sich bei Villen nach Geul im deutschsprachigen Raum meist im Souterrain, seltener auch im Erdgeschoß[1]; im Souterrain liegen sie auch meist beim englischen Stadthaus. Ein Hauptmittel zu formaler Steigerung von Villen sieht Geul in einer schönen Raumanordnung und

Verandavorbau einer Villa in Baden, **96**
Marchetstraße, mit Gußeisenornamenten.

97

Dachdetails einer Villa in Baden,
Albrechtsgasse.

Raumgruppierung, wobei die meßbare Ausdehnung des Baues unwesentlich ist. So nennt er für das Innere beispielsweise Ein- und Durchsichten; die Treppe, Vorräume und Korridore müßten großzügig wirken, und die Treppe soll sich in schöner Weise an das Vestibül anschließen. Diese Raumanordnungsprinzipien gelten aber für jedes gesteigerte Wohnhaus mit nur einer Wohnung, nicht allein für Villen[2].

Meyers Konversations-Lexikon gibt 1897 als Villenkennzeichen »Vorgärten, Veranden, offene Balkone, Erker, Türmchen in möglichst malerischer Komposition« an[3]. Was diese beiden Proben zeitgenössischer Kennzeichnung des Typus Villa in der Theorie angeben, findet sich in der Praxis allgemein angestrebt. In Grundriß und Aufriß ist eine kontinuistische Villa Komposition aus mehreren Bauteilen, die, etwa gegenüber städtischen Miethäusern, relativ verselbständigt sind. Die Verselbständigung erfolgt in Raum und Fläche, und zwar besonders durch Staffelung (etwa Staffelung von Bauteilen in der Höhe oder räumlich hintereinander) und Richtungsvielfalt am Bau (ein häufiges Beispiel ist die Villa aus zwei rechtwinklig zueinander gerichteten Trakten, wobei aber ein Grundriß, der nichts ist als ein bloßer rechter Winkel, vermieden wird). An den Bauteilen

finden sich dann gegenüber dem städtischen Miethaus generell weiter verselb-
ständigte Einzelmotive (wie Türmchen, Balkone, Giebel etwa), die oft auch
intensiver durchgebildet sind als bei Miethäusern der Städte. Die Bauteile und
größeren Motive, besonders vertikal betonte wie Türmchen oder Rauchfänge,
sind oft in dichten Gruppierungen rhythmisch komponiert (also nicht simpel
»angehäuft«, etwa aus »Protzerei«). Die malerische Wirkung entsteht am vollen-
detsten, wo sie durch ein indirektes Gleichgewicht der Komposition – also ohne
Symmetrie – bewirkt wird und oft besonders bei Schrägansicht.

Im Idealfalle steht die Villa allseitig frei und enthält nur eine »Wohnung«.
Aber eine Wohnung ist in der Ära eines Gottfried Semper oder Hans Makart, eines
Ludwig II. und einer Kaiserin Elisabeth etwas anderes als vorher oder nachher. Sie
ist nicht zum formlosen Sichfallenlassen, nicht zur Repräsentation – wie etwa im
Barock, wo selbst fürstliche Entbindungen Schaustellungen für die Öffentlichkeit
werden konnten – und nicht als Museum bestimmt. Wohnung ist im Kontinuismus die eigene Welt des Bauherrn, ein selbstgeschaffenes Milieu, eigentlich seine
eigene Erschaffung und Erlösung jenseits der als nichtig aufgefaßten Verstrickun-
gen des sogenannten »Lebens«. Die Selbsterlösung vollzieht sich in diesem
künstlerischen Ensemble, das im Idealfalle ein Gesamtkunstwerk werden kann[4].

Bei den verschiedenen Kategorien von Wohnbau zeigt sich diese Milieu-
Erlösungskonzeption in verschiedenen Graden, also bei der Villa mehr als beim
städtischen Miethaus und beim Landschloß, das in Österreich etwa in Grafenegg
in höchster Vollendung zu finden ist, – soweit nicht zerstört oder verändert – mehr
als bei der Villa. Und innerhalb der Bauaufgabe Villa ist die städtische Villa etwas
weniger selbständig als die außerhalb einer Siedlung angelegte. Aber auch bei
Stadtvillen schaffen die oben erwähnten Kriterien des Villenbaues schon auf den
ersten Blick den Eindruck einer geringeren Bindung an das »Ziehende« einer
Straßenfront gegenüber Zinshausabfolgen.

Bei der individuellen Entfaltungsmöglichkeit im 19. Jahrhundert und bei
seiner unerschöpflichen Phantasie gibt es natürlich Übergänge zwischen Bautypen. Beispielsweise entstanden Villen, die dem Landschloß angenähert sind. Zu
nennen wäre etwa das zeitweilig als Pension verwendete »Silbererschlößl« auf dem
Semmering. Besonders sein ziemlich hoher Turm mit den fast »pfefferbüchsen-
artig« verselbständigten Dachfenstern rückt den Bau in die Nähe von Schlössern,
und die Gesamtansicht könnte von Neuschwanstein, dem Schloß Ludwigs II. von
Baiern, beeinflußt sein. Das »Silbererschlößl« zeigt eine Akkumulation schmaler,
ja oft steiler Vertikalbetonungen, stark verräumlicht, abwechslungsreich und in
malerischem, indirektem Gleichgewicht komponiert. Dichte Abfolge von Verti-
kalmotiven, die jeweils nur schmale, schluchtartige Rücksprünge zwischen sich
haben, zeigt schon das älteste derzeit der Forschung bekannte romantische
Landschloß, spätestens 1717 begonnen, Vanbrugh Castle, Greenwich (England).
Es verarbeitete besonders gotische Anregungen. Gemäß der frühen Entstehungszeit – mitten im Barock, von dem der Erbauer Sir John Vanbrugh auch ein
Vertreter war – war es im Originalzustand symmetrisch[5]. Das »Silbererschlößl«

98

entstand 1895, mit der generellen Kantigkeit seiner Profilierungen ganz im Stil seiner Zeit.

Fast schloßartig wirkt auch die Hinterburg in Hohenberg (Bezirk Lilienfeld): Sie ist abwechslungsreich komponiert, im Gegensatz zum »Silbererschlößl« aber

»Hinterburg« in Hohenberg (erbaut um 1905).

horizontal betont. Die tief herabreichenden und überhängenden Dächer betonen die Gelagertheit und fassen, im Gegensatz zu der generellen Verselbständigungstendenz bei Villenbauteilen, zusammen – am deutlichsten sieht man es bei dem ebenerdigen Pavillon rechts von der zweibogigen Loggia der Vorderfront, denn das Dach dieses Pavillons »versinkt« förmlich im Dach des Seitentraktes der Villa. Alles, was von den Dächern der Hinterburg hier gesagt wurde, ist Kennzeichen der Endphase kontinuistischen Villenbaues wie auch die breiten, niederen Loggiabogen, die um sich und über sich relativ viel Wandfläche haben. Glatte Wandfläche spielt überhaupt eine große Rolle, Profilierungen sind noch mehr reduziert als beim »Silbererschlößl«, und eine Entstehung um 1905 ist wahrscheinlich.

Etwas abseits von der Straße, die über den Semmering in die Steiermark führt, liegt die Villa des Erzherzogs Otto in Schönau – manchmal als »Schloß« bezeichnet. Vorbesitzer des kontinuistischen Baues war ein in Wien lebender Engländer; der Erzherzog erwarb die Villa aus dessen Nachlaß und führte in den neunziger Jahren Umbauten durch, die das Gebäude stark veränderten, nicht

100

*Villa Erzherzog Otto in
Schönau a. d. Triesting,
Sattelkammer (Zustand von 1899).*

*Wie 100, Abbildung auf einer
Correspondenzkarte aus der Erbauungszeit.*

101

102

*Wie 100, Interieur des Arbeitszimmers
(Zustand von 1899).*

103

104

Wie 103, Details der Deckenstukkaturen
im 1. Stock.

jedoch den prachtvollen Park. Die neue Außen- und Innengestaltung war bis ins kleinste Detail Werk des Erzherzogs. Vom Vestibül angefangen steigerte sich der Eindruck der Räume einem Augenzeugen zufolge bis zum Höhepunkt, dem Arbeitszimmer des Erzherzogs. Dort stand der Schreibtisch direkt an einem großen dreiteiligen Fenster, das optische Verbindung zum Park schuf. Daß der Bauherr Selbstschöpfer seines Milieus war, nicht nur Mäzen, ist beim romantischen Schloßbau stets und überall die Regel. Eine Eigentümlichkeit in Schönau ist die Gestaltung der Sattelkammer zum Monument ihrer selbst als Halle; seit 1891 war der Erzherzog in der Liste österreichisch-ungarischer Rennstallbesitzer verzeichnet. Arbeitszimmer und Sattelkammer bilden in der ursprünglichen Einrichtung Beispiele für die von Albert Geul geforderten Durchblicke – beim Arbeitszimmer öffnet sich diagonal ein erhöhter erkerartiger Raum, die zweigeschossige Sattelkammer zeigt in einer Winkelbildung eine Treppen- und Galerieanlage, die malerische Raumkompartimente auszubilden erlaubt. Solche Treppenanlagen in Innenräumen hat aus denselben Gründen mehrfach der romantische Neubau der Burg Kreuzenstein von Hans Graf Wilczek und Carl Gangolph Kayser (1879–1912)[6]. Nachdem die dem Verfasser bekannte illustrierte Beschreibung von Schönau 1899 erschien, war die Villa damals offenbar vollendet, was den Umbau durch Erzherzog Otto angeht.

Reich an Villen der Zeit zwischen 1850 und 1914 ist Baden bei Wien. Ein besonders gutes Beispiel wurde von einem Erzherzog errichtet: Die Villa des

Rothschild'sches Jagdschloß in Steinbach, Abbildung auf einer Correspondenzkarte um 1900.

105

Erzherzogs Wilhelm hatte als Architekten Franz Ritter v. Neumann jr., der mit Friedrich Freiherrn v. Schmidt an den »Arkadenhäusern« in der unmittelbaren Nachbarschaft von Schmidts Neuem Wiener Rathaus beteiligt war[7]. Der Erzherzog ließ schon zuvor von Theophilos Edvard Freiherrn v. Hansen in Wien für sich das Palais Parkring 8 erbauen, ein Meisterwerk, bei dem übrigens intensiv auf die Würde des Bauherrn als Oberhaupt des Deutschen Ritterordens Bezug genommen wird. Die Badener Villa zeigt eine kreuzförmige Durchdringung von zwei Trakten, in den Winkeln wird die nüchterne Rechtwinkligkeit durch eingefügte Motive im Sinne der Epoche nuanciert und zwischen den Trakten vermittelt; so zeigt sich links ein polygonaler Pavillonteil als Gelenk, ebenerdig als Loggia geöffnet. Das steile Dach dieses Polygonalgelenks mit seinem kleinen Dachreiter erinnert deutlich an Eckrisalitbekrönungen der erwähnten Wiener »Arkadenhäuser«. Die Durchbildung der Detailformen ist eine intensive, wie bei Villen ja prinzipiell (Beispiele: Verdachungen der Beletagen-Fenster, Dachfenster als Aedikulen mit flankierenden Voluten, wieder ähnlich den Arkadenhäusern gestaltet). Die vielfältige räumliche Staffelung der Bauteile und die phantasiereiche Formenabwechslung wirken malerisch. Die Villa wurde anschließend von Erzherzog Eugen übernommen, ebenfalls einem Hochmeister des Deutschen Ordens. Wenigstens bei einer Ansicht der Villa gehört die Ruine Rauhenstein zum Gesamtbild. Ruinen so einzubeziehen ist ein häufiges Prinzip auch beim romantischen Schloßbau, so in Schloß Hernstein bei Berndorf von Theophil v. Hansen. Natürlich besteht auch eine Wechselbeziehung zwischen der Villa Erzherzog Wilhelms und der Landschaft des Helenentals, in der sie liegt.

Vgl. Frontispiz S. 2 und Abb. 140

*Villa Krupp in Berndorf, Abbildung auf
einer Correspondenzkarte um 1900.*

106

107

*Direktorenvilla der Krupp-Werke in
Berndorf (später Villa Escher, später
Villa Doblhoff),
Abbildung auf einer
Correspondenzkarte um 1900.*

Das Rothschild'sche Jagdschloß – eigentlich eine Villa – in Steinbach bei Göstling (Bezirk Scheibbs) erfreut sich ebenfalls einer prachtvollen Lage. Villa und Landschaft steigern sich gegenseitig in der romantischen, bildhaft zu erfassenden Wirkung. Der im wesentlichen zum Zentrum hin emporgestaffelte Bau hat eine malerisch zerklüftete, absichtlich verwirrend wirkende Dachlandschaft. Fachwerk (Riegelbau) spielt eine bedeutende Rolle. Seit den achtziger Jahren findet sich besonders bei Villen und auch zuweilen bei Landschlössern Fachwerk in steigendem Maße.

In Berndorf baute sich der Industrielle Krupp eine Villa, welche ganz andere Möglichkeiten als die bisher betrachteten zeigt. Jeder Vertikalakzent oberhalb der Dachlinie ist vermieden, der Bau wirkt horizontalisiert und geschlossen. Jedoch wird durch kleinere vortretende Bauteile jede Verblockung vermieden. Stilistisch sind besonders Barockanregungen gesteigert. Sowohl der geschlossene Horizontalismus als auch die Steigerung des Barock sind bei Villen nicht typisch. Die Bauherrenfamilie hat Berndorf, wo sie Industrie besaß, weitgehend ihren Stempel aufgedrückt. Wohnhäuser, Kirche, Schule und ein Stadttheater, alles von Krupp errichtet, ergeben ein ungewöhnlich reizvolles Ortsbild. Es sei noch die Villa für den Krupp'schen Direktor herausgegriffen: Auch sie ist als Villa ungewöhnlich, und zwar wegen ihrer folgerichtigen Symmetrie. Zwei gegiebelte Trakte sind durch einen schmalen, etwas niedrigeren Mittelteil verbunden, der aber durch ein türmchenartig monumentalisiertes Dachfenster und die großzügige Unterfahrt betont ist. Giebeltrakte und Unterfahrt betonen wuchtig eine Richtung. Die zu ihnen querstehende Richtung ist durch die ebenfalls gegiebelten Seitenfrontrisalite hervorgehoben. In dreidimensionaler Verschränkung durchdringen sich diese verschieden gerichteten Bauteile. In der ernsten, würdevoll-festen Auffassung und im harmonischen Ausgleich von gotischen Anregungen durch »klassische« Kompositionsprinzipien verrät sich Einfluß von Friedrich v. Schmidt.

Es muß auch villenartiger Bauweise in Städten gedacht werden. Beispielsweise in Krems war bei der Stadterweiterung, die diese Stadt wie Wien erlebte, von vornherein auf städtebaulicher Ebene für ganze Straßenzüge seitens der Gemeinde Verbauung »im Villenstil« verlangt, so in der Sitzung der Gemeindevertretung am 17. Januar 1898 gleich zweimal, aber noch öfter. Freilich entstanden vielfach Gruppen aus zwei Häusern, ja aus dreien, und Vorgärten konnten auch nicht immer angelegt werden. Trotzdem entstanden so städtebauliche Komplexe mit villenartiger Verbauung, villenartig auch im formalsymbolischen Gehalt ihrer Einzelmotive wie Erkern oder Türmchen. Ein großer Teil dieser Bauten stammt von Josef Utz jr. (1858–1909)[8]: Genannt seien als Beispiele Brandströmstraße 3–5 (Planung 1893/94), Dinstlstraße 4 (Planung 1895), Wienerstraße 18 (Planung 1898), Wienerstraße 20 (Planung ebenfalls 1898) und Friedrichstraße 4–6 (Planung 1903). Utz schuf aber auch Villen im vollen Sinne, die auch allseitig frei standen und nur eine Wohnung enthielten, so Wienerstraße 43 (Planung 1899) oder seine eigene Villa, Wienerstraße 45 (Planung 1900). Das Schaffen des jüngeren Josef Utz, wie schon das seines gleichnamigen Vaters, ging weit über Krems hinaus. So

Siehe Abb. 106

Siehe Abb. 107

Fassadendetail einer Vorstadtvilla in Krems,
Wiener Straße (erbaut 1898).
Architekt: Josef Utz jr.

108

Siehe Abb. 21

entstanden, wohl in den neunziger Jahren, zwei Entwurfblätter für die Villa Scheibl bei Stein. Ein längs- und ein quergerichteter Bauteil sind aneinandergefügt. Der hierbei an der Hauptfront entstehende Winkel ist durch Einkomponieren einer Terrasse mit Pergola vermittelt, die auch optisch beide Trakte miteinander verklammert. Dieses Kompositionsprinzip des Aneinanderfügens zweier Bauteile, die rechtwinklig zueinander gerichtet sind, ist bei Villen ungemein häufig. Es geht wenigstens bis auf John Claudius Loudon zurück, dessen »Encyclopaedia of Cottage, Farm and Villa Architecture« erstmals 1833 erschien und auch auf dem Kontinent sowie bis nach den USA großen Einfluß und enorme Verbreitung gewann[9], die über Jahrzehnte reichte. England, das Ursprungsland der romantischen Villa schon im 18. Jahrhundert, lieferte für den Villen- und Landschloßbau allgemein sehr weitgehende Anregungen. So hat auch Heinrich Freiherr v. Ferstel, der am Cottage-Viertel in Wien-Währing ideell, wenn auch nicht bauend, beteiligt war, bereits relativ früh auf Reisen einen so bedeutenden Eindruck vom englischen Wohnhaustypus allgemein gewonnen, daß er diesen in Wien einzuführen gedachte.[10] – Um zur Villa Scheibl zurückzukehren: Die Parallele zu dem genannten Loudon-Entwurf erschöpft sich nicht in dem gekennzeichneten Kompositionsprinzip. Der Trakt mit Giebel an der Hauptfront ist höher als der frontparallel gerichtete, hat einen Erker unter dem Giebel und am letzteren durchbrochene Kanten-Ornamentik. Dies alles findet sich auch bei der Villa Scheibl und allgemein häufig im Villenbau bis zum Ende des Kontinuismus.

Eine an Villen reiche Landschaft ist das Kamptal. Es seien hier einige Beispiele herausgegriffen, obwohl die Architekten und meist auch die Daten bisher noch nicht zu eruieren waren: Gars am Kamp, Kremser Straße 35 ist im Hauptfrontgiebel »1897« datiert; dieser Giebel, schwungvoll weit gedehnt und unter anderem Renaissancemotive steigernd, erinnert an ausgeführte und geplante Werke von Josef Utz jr. aus dem nahen Krems. Der polygonale Seitenfrontturm der Garser Villa besitzt ein zu offener Loggia gestaltetes oberstes Geschoß, leicht und substanzfrei wirkend. Die Villa wurde 1980 einer Fassadenrenovierung unterzogen, in einer geschmackvollen Polychromie, die in der Entstehungszeit vorkommt – ockergelb und crème. Es wurden also glücklicherweise die rasenden Disharmonien wilder Buntheitswillkür vermieden, die sich bei den sonst positiv zu

Villa in Gars, Kremser Straße **109**
(erbaut 1897).

110

Villa Obenaus in Gars, Kremser Straße (erbaut 1896).

Landhaus Franz v. Suppé in Gars, **III**
Kremser Straße (Umbau: 1878).

»Gustav Erlinger's Kunstmühle« in
Plank am Kamp, Wohnhaustrakt.

wertenden Hausrenovierungen sehr oft austoben. Die Garser Villa liegt in einem Park, der »approach« (Zufahrtsstraße) nähert sich dem Bau auf seinem Hügel kurviert, wie sehr häufig auch die Zufahrten zu Landschlössern in englisch beeinflußten Landschaftsgärten. Wenn so der Weg anfangs von der Villa wegführt, ist ihre Ansicht, die sich schließlich aus der Nähe darbietet, umso wirkungsvoller. Von der Hauptfrontmitte führt eine Treppe auf einen freien Platz im Park hinunter: In der Mitte des Platzes befindet sich eine sehr gute Skulptur eines liegenden Löwen, intensiv angeregt von Bertel Thorvaldsens »Löwen von Luzern«.

Der Park ist genauso gepflegt wie die Villa und in den Grundzügen sicher noch im Originalzustand.

Kremser Straße 136 in Gars, im Jahr 1900 für Sophie Suppé erbaut, zeigt die Möglichkeiten der Epoche zu phantasievoller Originalität auch bei einem kleineren Villenbau, und zwar wie so oft im Villenbau – man denke an die erwähnte Rothschild-Villa in Steinbach – besonders in der Dachzone. Der Hauptteil des Baues hat nämlich zwei rechtwinklig aneinanderstoßende Knickgiebel, das heißt, die Giebel gehen oben in Abwalmungen über. Diese Abwalmungen nun kragen über halbkreisförmigem Grundriß vor, so daß zusammen mit dem Giebelfenster unter dieser Art von Baldachin ein Eindruck entsteht, der in geistreicher Weise an Erkertürmchen formalsymbolisch erinnert. Auf dem Kreuzungspunkt der Firste der beiden Giebeldächer erhebt sich im Zentrum des Hauptteils des Gebäudes ein elegant-flotter Dachreiter. Der Hauptteil des Baues wird dadurch zu einem höchst originell gegliederten Zentralbau gesteigert.

Die straßenseitige Front von Kremser Straße 116 in Gars stuft sich in Raum und Fläche vorwärts und aufwärts zum diagonal gestellten Eckturm hin. Dessen Diagonalstellung nuanciert die andernfalls nüchterne und höchst unmalerische Rechtwinkligkeit der Ecke der Villa. Der Bau wurde 1896 für Johann Obenaus errichtet. Nicht weit entfernt ist Kremser Straße 40, nach Inschrift 1878 von Franz v. Suppé erbaut, dem ein Museum im Hause gewidmet ist. Es dürfte der ungewöhnliche Fall vorliegen, daß hier ein Bauernhaus umgebaut wurde, da der ebenerdige Bau, langgestreckt mit doppelflügeligem Mitteltor, sich nur durch die Fassade, die eine Art gemütlich-reizvoller Monumentalität zeigt, von Bauernhäusern unterscheidet. Die Portalattika ist durch zwei Terrakottafiguren betont. Zum Schluß sei noch »Gustav Erlinger's Kunstmühle« in Plank am Kamp erwähnt. An ein elegantes, aber nicht villenartiges Wohnhaus, vermutlich der sechziger Jahre, ist ein anscheinend späterer origineller und zugleich behaglicher burgartiger Bau mit Zinnenbekrönung und etwa halbrundem Turm angefügt.

Vielleicht geben die vorstehenden Ausführungen Anlaß, sich durch Entdeckungen weiterer Villen, dieser Monumente der sich selbst genießenden Individualität, vom Druck der nivellierenden Eindrücke des Alltags zu befreien. Villenentdeckung könnte zur Selbstentdeckung werden. Dies zeigt sich in Österreich im 19. Jahrhundert am tiefsten in den »Briefen eines Unbekannten« von Alexander v. Villers. Das längere Zeit von ihm bewohnte »Wiesenhaus« in Neulengbach wurde hier nur deshalb nicht erwähnt, weil es im Äußeren keine Villa ist und von der geradezu exemplarischen Inneneinrichtung dem Verfasser keine Abbildungen oder genaue Beschreibungen bekannt wurden. Villers könnte in unserem Zusammenhang als der Villenphilosoph par exemple bezeichnet werden: Er war in seinem Haus, und sein Haus war in ihm. In den »Briefen eines Unbekannten« steht ein Satz, dem wir aus Ehrfurcht keine »Exegese« folgen lassen wollen:

»Leben heisst vom Leben ausruhen«.

Siehe Abb. 110

Siehe Abb. 111

Siehe Abb. 112

114

MARIO SCHWARZ

Die stilistische Situation im Villenbau um die Jahrhundertwende

Siehe Abb. 113

DIE SEMMERINGVILLEN UND DER »HEIMATSTIL«

it dem Bau des Südbahnhotels unter der Leitung des Generaldirektors der Südbahngesellschaft, Friedrich Schüler, war ab 1880 die Entstehung eines klimatischen Höhenkurortes auf dem Semmering ermöglicht und dem Wiener Publikum ein weiteres leicht zugängliches Erholungsgebiet erschlossen[1]. Neben dem Südbahnhof wurden auch zwei villenartige Dépendancen (Villa I, später Villa Schüler und Villa Wiesenberg, später Villa Sophia) erbaut, die zur Vermietung in den Sommermonaten bestimmt waren. Zur gleichen Zeit ließ sich der Hofbildhauer Franz Schönthaler südöstlich des Südbahnhotels eine kleine Privatvilla bauen, für die ihm der Wiener Architekt Franz Ritter v. Neumann die Pläne lieferte. Schönthaler war ein begeisterter Freund des Semmeringgebiets und einer der Initiatoren des Südbahnhotel-Projekts; wie Architekt Neumann war Schönthaler »der gleichen Meinung, daß es in dieser Gebirgslage künstlerisch und technisch am besten sei, einen Holzbau im Sinne der Vorbilder in unseren Alpenländern zu errichten. Ein solcher Entschluß war zu jener Zeit, wo man noch zumeist bei Villenbauten Architekturmotive städtischer Bauweise unbekümmert um Landschaft und klimatische Verhältnisse zur Ausführung brachte, nahezu ein Novum«[2]. Die Villa, welche später den Namen Alina erhielt, war ein zur Gänze aus Holz gezimmerter Ständerbau auf gemauerten Fundamenten. Neben dem Hauptbaukörper mit geschweiftem steilem, vorne abgewalmtem Satteldach, Balkons und großen Aussichtsfenstern besaß die Villa nach Südosten ein kuppelbekröntes Aussichtstürmchen und nach Nordwesten einen längsgerichteten Seitenflügel.

Da sich die Holzbauweise für einen behaglichen Aufenthalt im Berggebiet sowohl im Sommer als auch im Winter gleichermaßen bewährte, wurde der Bautyp der Villa Alina für die weitere Villenbaubewegung am Semmering beispielgebend. Vor 1890 entstand nördlich des Südbahnhotels die Villa Prenninger (später Villa Leibenfrost), die mit ihren rundumlaufenden Balkongalerien, gedrechselten Geländerbalustern und einem zierlichen Glockentürmchen Elemente des Heimatstils zur Geltung brachte. Städtischem Repräsentationsbedürfnis trug das stattliche viergeschossige Landhaus mit seinem grünglasierten Ziegeldach und den turmartigen Rauchfangbekrönungen Rechnung.

1894 errichtete Baurat Franz v. Neumann in unmittelbarer Nähe der Villa Alina ein Landhaus für sich und seine Familie[3]. Als Gegenstück zu der von ihm entworfenen Villa des Bildhauers Schönthaler gestaltete Neumann sein Haus in Blockbauweise mit nur mäßig geneigtem Satteldach. Die Grundmauern wurden aus Bruchstein lokaler Herkunft mit tiefliegender Verfugung hergestellt, das Souterrain und Teile des Erdgeschosses entstanden in Ziegelbauweise und erhielten groben Weißkalkputz; die oberen Geschosse wurden aus verzahnt versetzten Holzbohlen (Querschnitt 13 × 25 cm) errichtet. Die Innenräume in den Obergeschossen waren durchwegs wärmedämmend isoliert und verputzt. Mit dem steinbeschwerten Holzschindeldach und den ausgesägten Balkonbrüstungen und Traufleisten folgte die Villa Neumann dem Heimatstil in der speziellen Prägung des »Tiroler-« oder »Schweizerhauses«, wie er am Semmering schon beim Bau des Speisesaalflügels des Südbahnhotels angeklungen war. 1895 erbaute F. v. Neumann in der Nähe des Aussichtspunktes Parapluie auf steil abfallendem

Siehe Abb. 115

113

Villa Schönthaler (später Villa »Alina«) am Semmering (erbaut um 1885). Architekt: F. v. Neumann. Ansicht von Norden.

Villa Prenninger (später Villa Leibenfrost) am Semmering, Ansicht von Südosten.

114

Siehe Abb. 116, 117, 137

Terrain die Zweifamilienvilla Bittner[4], die dem gleichen Bauprinzip folgte wie Neumanns eigenes Haus (Bruchsteinsockel, Geschoß aus Ziegelmauerwerk, darüber Blockbauweise), im Formalen jedoch wieder eine Abkehr vom Schweizerhaus-Typ zugunsten bodenständiger Vorbilder des Heimatstils erkennen läßt: Das ursprünglich holzschindelgedeckte Dach wurde wieder stärker gesattelt und geschweift ausgebildet (vgl. Villa Alina und Leibenfrost), die umlaufenden Balkons mit ausgesägter »Ganglzier« erinnern an das Formenrepertoire der Salzburger Bauernhausarchitektur. Trotz der großen Terrainschwierigkeiten, die beim Bau des viergeschossigen Hauses die Errichtung von Stützmauern und Anschüttungen erforderlich machten, gelang es Neumann, die Baukosten erstaunlich niedrig (20.000 fl.) zu begrenzen. Kurze Zeit später wurde auch auf dem Nachbargrundstück für den Bauherrn J. Dunz eine Villa (»Johannesruh«, später Pension »Alpenheim«) in ganz ähnlichen Formen errichtet.

Im Rahmen der immer weiter zunehmenden Villenbautätigkeit am Semme-

117

ring (1902 wurden bereits 24 Villen gezählt) blieb die Richtung des Heimatstils
nicht die einzige formale Gestaltungsmöglichkeit: Auch die von F. v. Neumann
bereits abgelehnten großstädtischen Bauformen fanden weiterhin Anwendung:
1893 hatte sich der Architekt Josef Bündsdorf an der Alten Bahnhofstraße in
beherrschender Lage eine große Villa in mittelalterlichem Stil erbaut. In
neogotischen Formen entstand auch die vom Fürsten Liechtenstein gestiftete und
von dessen Hausarchitekten Gustav v. Neumann erbaute Semmeringkapelle am
Hochweg. Und 1895 wurde vom »bekannten Wiener Sportsmanne Victor
Silberer« eine pittoreske Villa mit zahlreichen Giebeln sowie mit Rund- und
Polygonaltürmchen im Stil der Burgenromantik auf einem Aussichtspunkt südlich
des Südbahnhotels erbaut. Das »Silbererschlößl« galt bald als einer der imposan- Siehe Abb. 98
testen Bauten auf dem Semmering, »dessen kühne Linien und stolze Lage so hoch
oben stets die ungetheilte Bewunderung aller Besucher des Semmerings er-
wecken«[5]. 1898–1899 ließ Silberer auf der Paßhöhe das Grand Hôtel Erzherzog
Johann erbauen; das weitläufige, in seiner Baumasse vielfach aufgespaltene und
differenzierte Objekt mit Erkern, Kaminen und einem bergfriedähnlichen
Aussichtsturm – ein Werk des Wiener Architekturbüros Fellner & Helmer – stand
dem romantisch gefärbten Späthistorismus der Großstadtarchitektur jedenfalls
näher als dem rustikalen Heimatstil.

Der Heimatstil wiederum gelangte bei kleineren Objekten weiterhin zur

Villa Bittner am Semmering (erbaut 1895). Architekt: F. v. Neumann. Ansicht von Westen. **116**

Wie 116, Geschoßgrundrisse. **117**

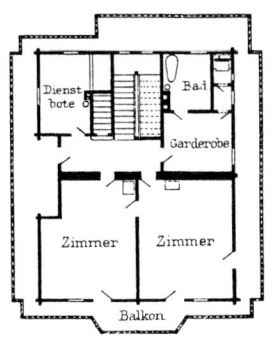

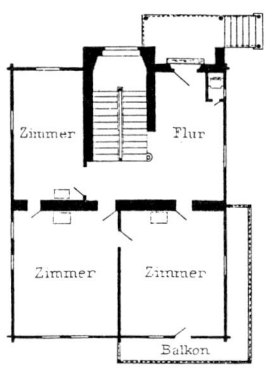

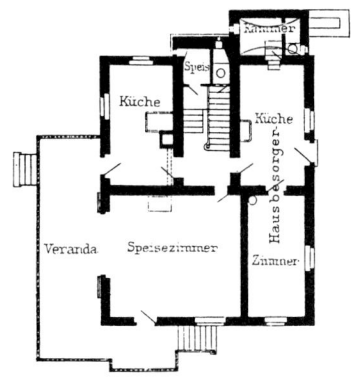

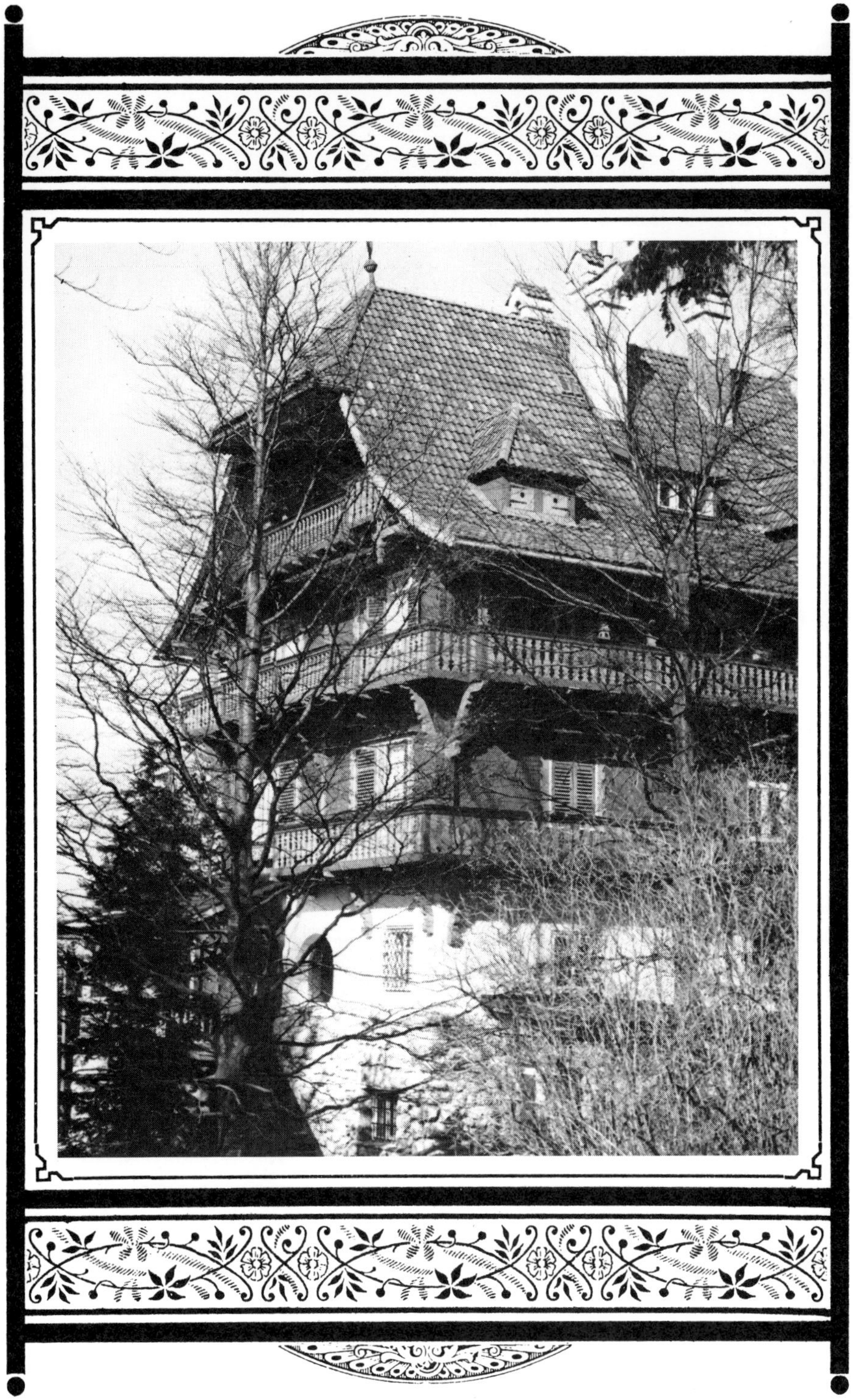

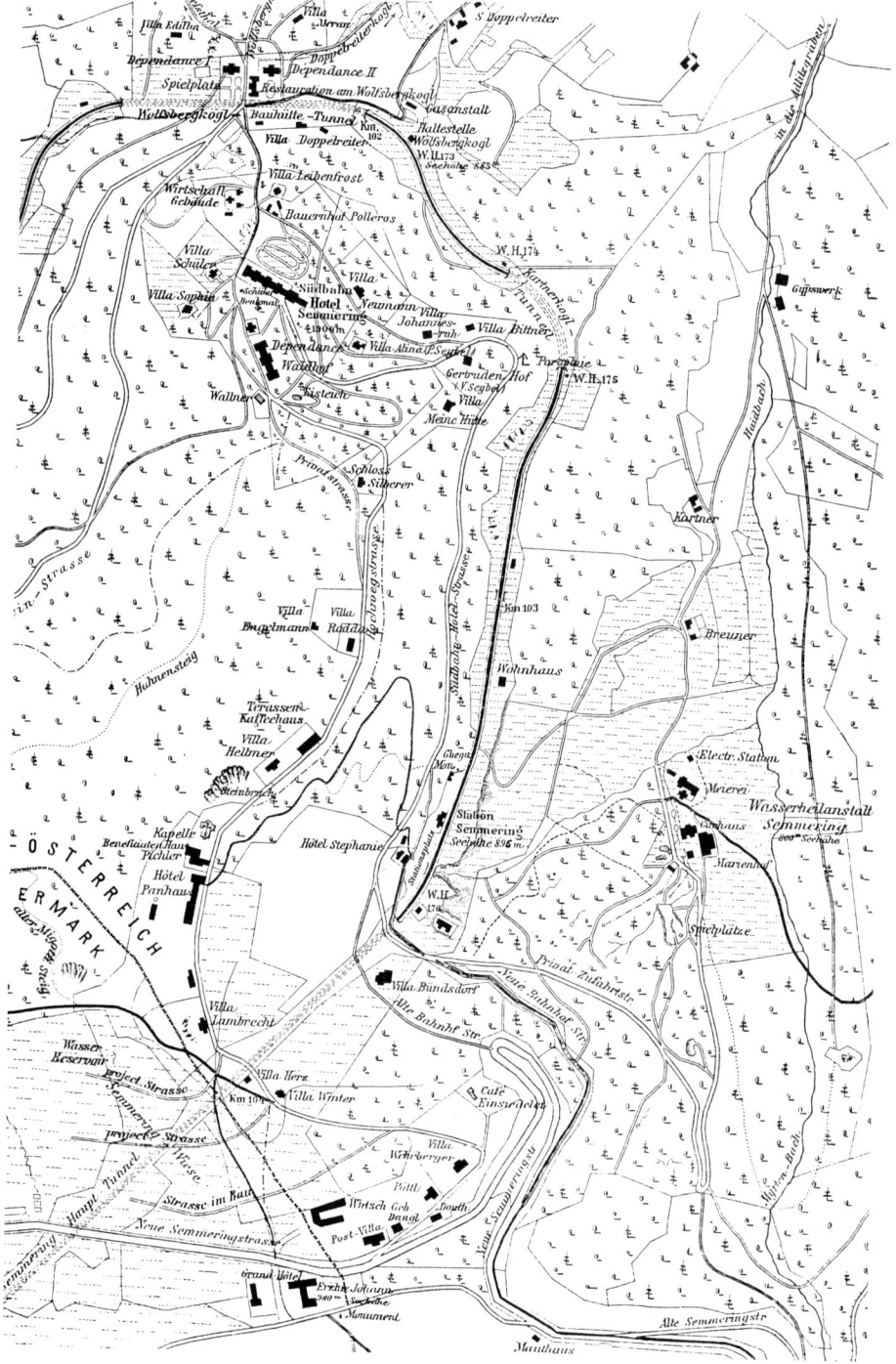

118

Siehe Abb. 14

Siehe Abb. 7

Anwendung, wie bei der 1900 erbauten Villa des Kaufmanns G. Kleinhans (bereichert mit floralen Jugendstildekorationen); in romantischer Umsetzung begegnet er auch bei der zur gleichen Zeit erbauten Villa »Unsere Hütte«. Ähnliche phantasievolle Anreicherungen des Heimatstilrepertoires zeigen die Erweiterungsbauten des Südbahnhotels, die 1902 von den Architekten A. Wildhack und R. v. Morpurgo errichtet wurden[6]. Langfristig erwies sich der Heimatstil langlebiger als das Intermezzo historischer Großstadtarchitektur auf dem Semmering: Noch 1930 gestaltete Adolf Loos, ursprünglich ein erklärter Gegner des Heimatstils, das Landhaus Khuner am Kreuzberg als Blockhaus mit Bruchsteinsockel und flach geneigtem Satteldach[7] in der gleichen Grundform, die Baurat Neumann schon 1894 für seine Semmeringvilla gewählt hatte – nun freilich unter Hinweglassung der zeitgebundenen und von Loos abgelehnten Ornamente.

Villa Friedmann in der Hinterbrühl von Joseph Maria Olbrich (1898/99)

»Im gleichen Jahr, in dem der damals 31jährige Josef Olbrich... seine Wiener Secession erbaute, forderte der Industrielle Max Friedmann den jungen Baukünstler auf, sein bereits begonnenes Haus in der Hinterbrühl im Sinne der neuen, jungen Kunst um- und fertigzustellen. Begeistert ergriff Olbrich die Gelegenheit, einem kunstsinnigen (und finanzkräftigen) Bauherrn ein Sommerhaus auf den Leib zu schreiben, in dem er seiner ganzen überschwenglich bunten nie versiegenden Phantasie freien Lauf lassen konnte«[8]. Der Rohbau für das Haus Friedmann in der Hinterbrühl, Hauptstraße 29, dem ein Plan in üppig späthistorischen Formen von Architekt Ludwig Schöne zugrunde lag, war bereits fertiggestellt, als Joseph Maria Olbrich den Auftrag übernahm[9]. Olbrich[10] entschloß sich zu einer radikalen Vereinfachung im Außenbau, welcher nur sparsame secessionistische Stilakzente erhielt: An der Veranda verwendete Olbrich das Motiv des gedrückten Hufeisenbogens, welches zum Zentralthema seiner ersten großen Arbeit in Darmstadt, des Ernst-Ludwig-Hauses (1899), werden sollte. An der Gartenfassade der Villa Friedmann schuf Olbrichs Malerkollege an der Secession, Adolf Böhm, ein Apfelbaum-Fresko.

Zur Gänze durchgestaltet wurde nach Entwürfen Olbrichs das Innere der Villa im Sinn eines programmatischen Gesamtkunstwerks der Wiener Secession. Der Chronist der Secession, Ludwig Hevesi, schrieb zu diesem Haus nach einem Besuch im Jahre 1899: »Ein Olbrich'sches Haus ist ein lebender Organismus, und jeder Raum darin ein lebendes Organ. Wie es wirkt und klappt, das ist seine Erfindung; vom ersten bis zum letzten Nagel zeichnet er Alles selbst und lehrt noch die Handwerker, ihre Werkzeuge auf neue Art zu gebrauchen. In der That, er erzieht ein neues Handwerk. Er emancipirt es von dem herkömmlichen Druck gewisser Fabriken und Unternehmen. Seine Fenster und Thüren sind nicht aus der Fenster- und Thürenfabrik, seine Spiegel und Rahmen nicht aus der Spiegel- und Rahmenfabrik... Jedes Einzelne bezeugt da, dass ein Kopf einen Gedanken gehabt hat, und eine Hand die Empfindung für diesen Gedanken. So ist auch der Hausrath in diesen Räumen nichts Zufälliges, wie der Möbelmarkt es bietet. Jedes Stück ist für die besondere Stelle und den besonderen Zweck erfunden«[11].

119

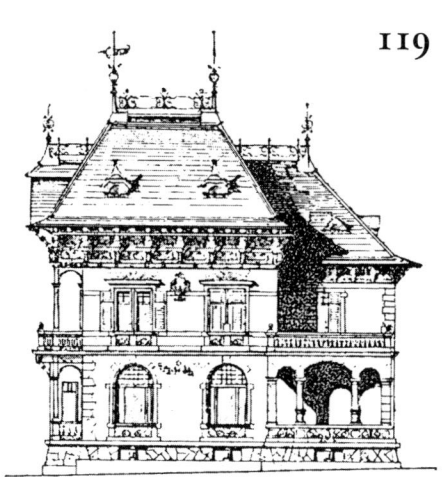

Entwurfszeichnung für die Villa Friedmann in der Hinterbrühl von Architekt L. Schöne (vor 1898). Aufrißzeichnung der Seitenfront.

*Villa Friedmann in der Hinterbrühl
(erbaut 1898–1899).
Architekt: J. M. Olbrich. Ansicht
der Seitenfront um 1905.*

Olbrich entwarf das gesamte Mobiliar, die Tapeten, die Accessoires. Die Eingangstür des Hauses zeigt im Holzrelief neben den Initialen des Bauherrn und seiner Gattin das Selbstgefühl des Architekten in einer Gedenkinschrift. Im Erdgeschoß wurden Vorzimmer, Küche, Kabinett und zwei Dienerzimmer untergebracht. Im Speisezimmer gelangte ein großer Kamin mit Blütendekorationen aus Stuck zur Ausführung; für diesen Raum war die Einrichtung aus Eichenholz gefertigt, um den hellen Raumeindruck zu unterstreichen. Dagegen war das Studio des Hausherrn in dunklem Grün und Lapisblau gehalten.

Im ersten Obergeschoß richtete der Architekt neben einem Vorzimmer eine Garderobe und das große Schlafzimmer ein, in welchem violette Farbtöne dominierten; ein anschließendes Badezimmer war in elfenbeinweißem Ahornholz ausgestattet und mit üppigem Seerosenschmuck versehen. Das Zimmer der Dame erhielt karneolrote Möblierung, die Gästezimmer wurden in violettgrauem Vogelahorn und hellgebeiztem amerikanischem Fichtenholz eingerichtet. Ein fröhlicher Raumeindruck herrschte in den beiden Kinderzimmern, von denen das größere in pitch-pine möbliert war; sowohl in den Dimensionen der Möbel war auf

121

*Wie 120, offene Eingangshalle,
Ansicht um 1905.*

122

Wie 120, Gedenkinschrift an der Eingangstür.

123

Wie 120, Stiegenhaus, Ansicht um 1905.

124

kindliche Größenverhältnisse Rücksicht genommen als auch in der verspielten Gestaltung von Einzelheiten wie den an den Wänden aufgelegten Früchtebäum- chen in flacher Laubsägearbeit.

Das detailreich durchgestaltete Stiegenhaus stand unter dem Zeichen der Rose: An dem kunstvoll gearbeiteten Treppengeländer aus Eichenholz sind geschnitzte Rosenmedaillons vom Bildhauer Franz Zelezny (1866–1932) zu finden – ein vereinzeltes Element des Heimatstils in diesem Ambiente – Rosenstöcke erscheinen in den Malereien der Stiegenhauswände, Rosen blühen auch in den farbigen Glasfenstern. Der Architekt wandte seine Aufmerksamkeit selbst kleinsten Einzelheiten zu, wie dem Telephon-Cabinett oder der Hundehütte. »Und auch wo kein fremder Blick hindringt, herrscht der nämliche Geist. In Küche und Mägdezimmer, in Heizhaus und Waschküche ist immer noch Alles Gestaltung und Lösung. Auch ein Pumpenhaus kann reizend sein; es soll das sogar, denn es würde sonst das Auge beleidigen, das vom zierlichen Söller darauf niederschaut« (L. Hevesi)[12].

Wie 120, Entwurfszeichnung für ein Kinderzimmer (von J. M. Olbrich).

Wie 120, Treppenbrüstung, gestaltet von F. Zelezny.

Obwohl ein großer Teil der Originaleinrichtung durch Plünderungen nach dem Zweiten Weltkrieg verlorengegangen ist, präsentiert sich das Haus Friedmann, von seinem gegenwärtigen Besitzer nach besten Möglichkeiten wieder stilgerecht restauriert, als Belegstück eines Höhepunkts künstlerischer Landhausarchitektur in Niederösterreich.

VILLA LOOS VON LOSIMFELDT IN MELK VON JOSEF PLEČNIK (1901)

Im Jahr 1901 erhielt der aus Laibach gebürtige Architekt und Otto-Wagner-Schüler Josef Plečnik[13] den Auftrag, für den Notar Dr. Hans Loos v. Losimfeldt eine Villa in Melk zu entwerfen. Plečnik schickte im April die ersten Skizzen, im Mai wurde die Baubewilligung erteilt, und im November desselben Jahres war das Haus bereits bezugsfertig. Die Ausführung besorgte der mit Plečnik persönlich befreundete Baumeister Karl Langer aus Wien. Zu dem Auftrag, den er gemeinsam mit dem Architekten J. Czastka erhalten hatte, äußerte sich Plečnik: »Was gut ist, ist die völlige Freiheit, die ich hier als Künstler zugesichert erhalten habe«[14].

Das Haus[15] – isoliert auf einem Eckgrundstück im Melker Villenviertel an der Abt Karl-Straße 16 gelegen – besitzt eine klare stereometrische Form. Die Vorderfront wurde ebenso streng symmetrisch gestaltet wie die Grundrißeintei-

Villa Loos in Melk (erbaut 1901).
Architekt: J. Plečnik.

126

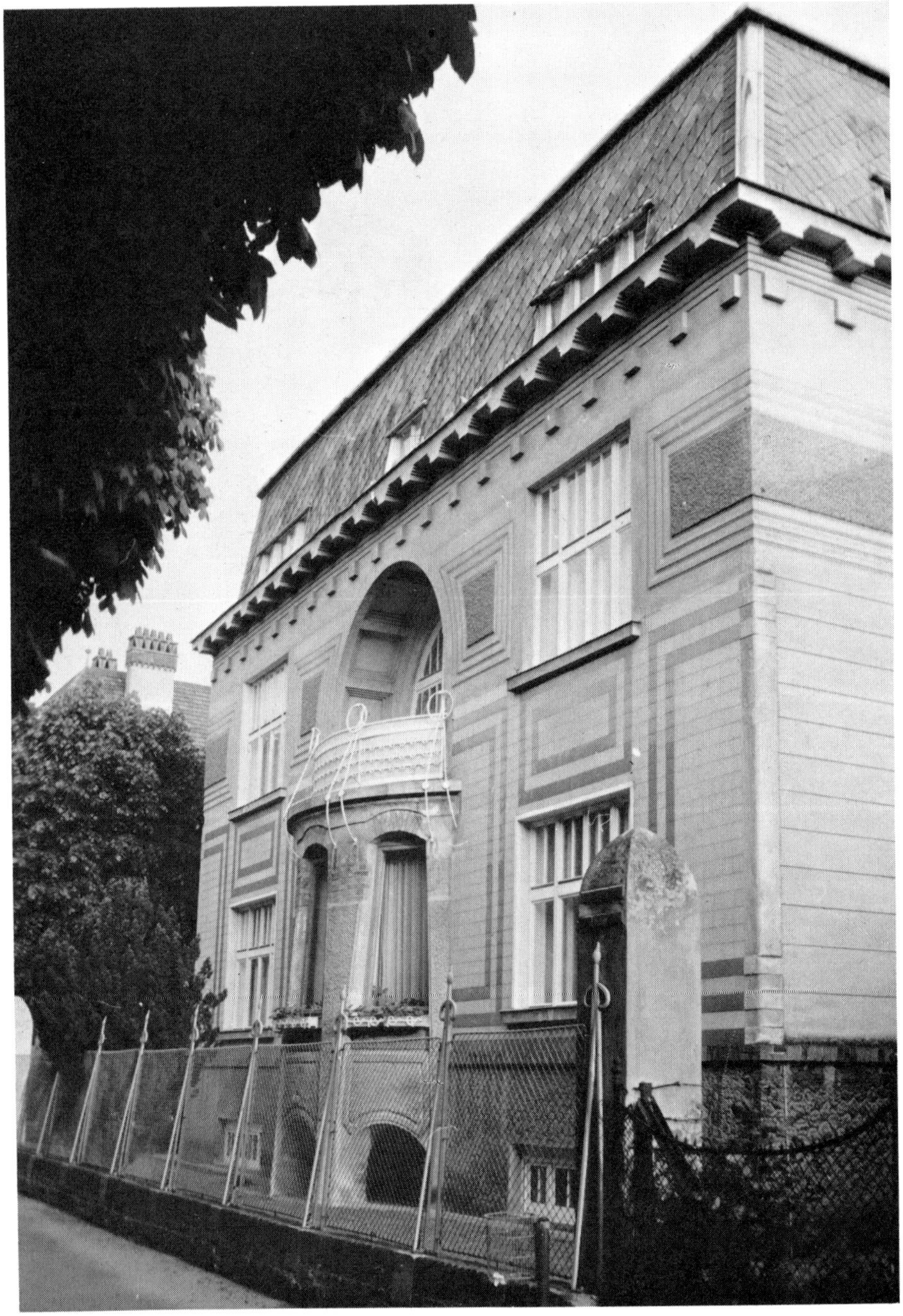

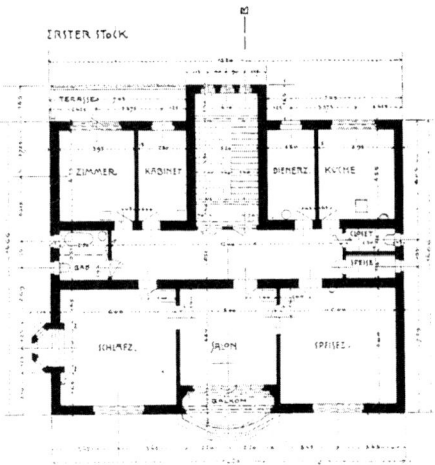

Wie 126, Grundriß des 1. Stocks. **127**

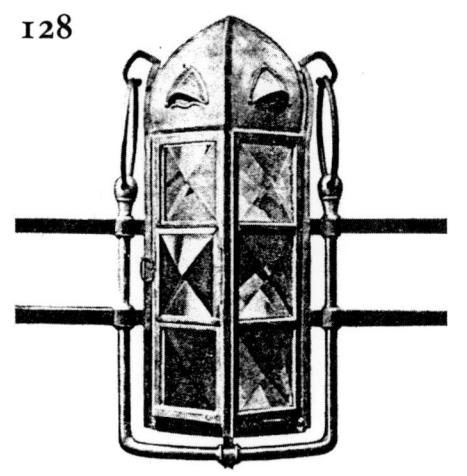

Wie 126, »Thorlampe zum Garten Eingang« (1902).

lung. Im Souterrain wurden Nebenräume und eine Hausbesorgerwohnung untergebracht, im Erdgeschoß und im ersten Stock fand jeweils eine Familienwohnung Platz, und das in steiler Mansardform gestaltete Dachgeschoß wurde als Atelier, Dunkelkammer und für Sanitärräume ausgebaut. Die Gestaltung stand im Zeichen äußerster formaler Strenge und Disziplin: Geometrische, meist rechteckige Elemente zerlegen die Fassadenfelder zwischen den großen, mehrfach unterteilten Fenstern in kleinere »ornamentale Einheiten« (D. Prelovšek), wobei die Verschiedenheit der Baustoffe, die Farben und die Oberflächen (Glattputz, Rauhputz, glasierte keramische Fliesen in zweierlei Farben, Ziegel und Eternitplatten) zur Gliederung und Differenzierung des optischen Bildes wesentlich beitragen. Lediglich der Gartenzaun und die Balkonbrüstung im ersten Stock lockern mit verspielten secessionistischen Effekten die geometrische Starrheit ein wenig auf.

Plečniks Villa Loos in Melk ist charakteristisch für eine wichtige Stufe in der Entwicklung seines persönlichen Stils: Sie zeigt die Reaktion des Architekten auf den überquellenden kurvilinearen dekorativen Reichtum im Stil seines Lehrers Otto Wagner vor 1900. Eng verwandt mit dem Melker Entwurf sind Plečniks Miethaus für Baumeister Langer in Wien-Margareten (Rechte Wienzeile 68) von 1901/02 sowie die Vorstudie für eine geplante keramische Verkleidung des Zacherl-Hauses in Wien I., Bauernmarkt 7. Insgesamt vertreten diese Arbeiten eine protokubistische Richtung, in der secessionistische wie auch klassizierende Elemente (Gesimskonsolen) nur ganz vereinzelt zitathaft eingesetzt sind und wiederentdeckte Qualitäten eines blockhaft geschlossenen Mauerbaues an die Stelle des wandauflösenden Skelettbaues des Fin de siècle treten.

EIN VILLENENSEMBLE IN BRUNN AM GEBIRGE (1902–1912)

Im Jahr 1902 begann der Mödlinger Architekt und Otto Wagner-Schüler Sepp Hubatsch[16] mit der Parzellierung eines großen Eigengrundstücks in Brunn am Gebirge. Hubatsch plante entlang der axial zur Wallfahrtskirche Maria Enzersdorf verlaufenden Franz Keim-Gasse eine stilistisch vereinheitlichte Reihenhausanlage[17]. Zwischen 1902 und 1912 entstanden hier zwölf Häuser, von denen zehn an Interessenten verkauft wurden und zwei im Besitz des Architekten verblieben. »Da der Architekt ... in diesem Fall auch sein eigener Bauherr war, kommt dieser Siedlung der Charakter des Mustergültigen auch im Hinblick auf die von Hubatsch vertretene Bauauffassung zu« (R. L. Schachel)[18]. Die Häuser der ersten, 1902–1903 errichteten Gruppe (Franz Keim-Gasse 4–8) besitzen bei gleicher Grundform (Keller, Hochparterre, Obergeschoß, Attika) abwechslungsreiche Fassadendekorationen im Ornamentstil der Wiener Secession um 1900: Kugelige Büsche aus Sonnenblumen in Putzschnitt rahmen die hochrechteckigen Fenster (Haus Nr. 6), auch das Glas-Eisen-Portal mit gebauchter Laibung (Haus Nr. 6) erinnert an eine überdimensionale Blüte. Die von vegetabilischem Dekor förmlich überwucherte Fassade von Haus Nr. 8 besitzt ihren stilistischen Ursprung wohl in Otto Wagners Majolika-Haus in Wien (1898) und

findet in Entwürfen anderer Wagner-Schüler (z. B. H. Schlechta, 1900) Entspre-
chungen. In der Absicht des Architekten Hubatsch lag der Ausdruck einer
religiösen Programmatik, die sich in Engelsfries von Haus Nr. 4, in der
Muttergottesstatue zwischen Haus Nr. 6 und 8 sowie in den Sinnsprüchen der
Inschriftenfriese an den drei Gebäuden dieser Gruppe äußert: »Wie die Leute
leben, so klingen ihnen einst die Glocken« / »Legt mit Gott den Grundstein, zieht
von selbst das Glück ein« / »Baumeister sei, wer du auch bist, Bauherr Gott gab
dirs Gemüth«. Im Gegensatz zu den Häusern Nr. 4 und 8 ist Haus Nr. 6 durch eine
fünfte Achse asymmetrisch verbreitert; auch bei diesem Haus ist aber ein
vierachsiger Fassadenabschnitt durch die beiden pylonenartig hochragenden
Rauchfänge ausgesondert.

*Reihenhausanlage in Brunn am Gebirge
(erbaut 1902 1912).
Architekt: S. Hubatsch.*

I STOCK

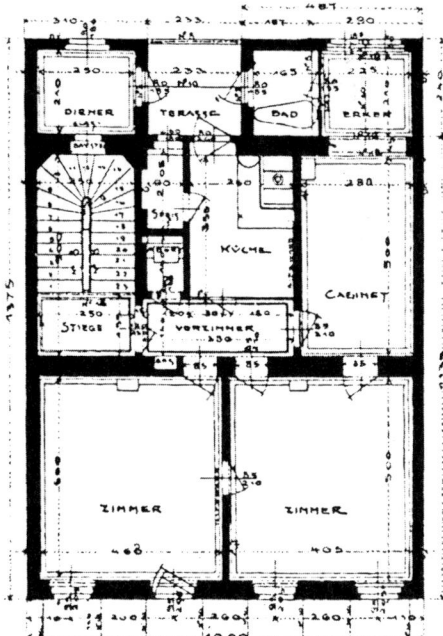

PARTERRE

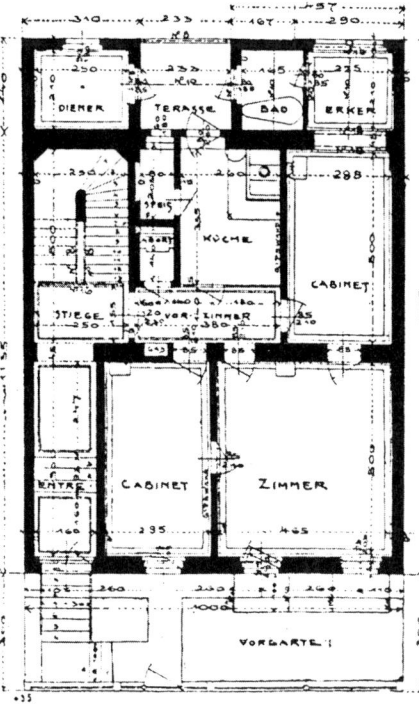

1905 erfolgte die Parzellierung der restlichen Bauflächen (Nr. 10 bis 22); Hubatsch errichtete in der hier stärker ansteigenden Gasse die weiteren Reihenhäuser gestaffelt: 1906 entstanden die Häuser Nr. 10 und 12, 1908 das Haus Nr. 14; die Häuser Nr. 16 bis 22 wurden 1912 erbaut. Der vegetabilische Fassadendekor erscheint an diesen Häusern zugunsten einer geometrischen Gliederung zurückgedrängt. Wiederum ist die Orientierung des Architekten am Werk Otto Wagners

131

Wie 129, Balkongitter des Hauses Franz Keim-Gasse 20.

132

I33

ERBAVT IM

JAHRE DES HERRN

1902

(Postsparkasse von 1904 bis 1906) zu bemerken, dem auch andere Schüler in diesen Jahren folgten (Entwürfe von A. Krones 1904 und R. Chalusch 1906). Hubatsch variierte horizontale Putzstreifen (Franz Keim-Gasse 10, 14, 16, 20) mit vertikalen Bändern (Nr. 12) und Quadratraster (Nr. 22), aus Symmetriegründen wurde an der Front des Hauses Nr. 14, welches für einige Jahre den Abschluß der Zeile bildete, das Motiv des Engelsfrieses vom ersten Haus (Nr. 4) wiederholt; auch bei der Fertigstellung des gesamten Ensembles wurde bei Haus Nr. 18 in der symmetrischen Wiederholung des Baumdurchblick-Motivs von Nr. 8 auf den optischen Gleichklang des jeweils dritten Hauses vom Ende der Reihenhäuserzeile geachtet. Die Gruppe der später erbauten Häuser ist durch den Einsatz von Balkonen gekennzeichnet, die entweder symmetrieunterstreichend die beiden mittleren Fensterachsen zusammenfassen (Nr. 14, 16, 22) oder über die gesamte Länge des Obergeschosses laufen (Nr. 12, 14, 16). Durch die betont geometrische Gestaltung der Balkongitter wurde die vegetabilisch gestaltete Fassade von Haus Nr. 18 dem linearisierten Charakter seiner Nachbarhäuser nachträglich angepaßt. Bei den Häusern Nr. 10 und 20 ist der Blätterzierat in den Bereich der runden Dachbodenfenster hinaufverlegt und auf einen friesartigen Streifen reduziert. Im Wechsel glatter und rauher Fassadenstrukturen, flächiger und durch Balkons plastisch gestalteter und teilweise beschatteter Fronten, runder und querrechtecki-ger Dachbodenfenster bzw. links oder rechts angeordneter Aufgangstreppen erreichte Hubatsch ein Höchstmaß an Abwechslung innerhalb des Ensembles, wobei die wenigen singulär auftretenden Elemente, wie der Hochparterre-Erker mit aufgesetztem asymmetrisch gestaltetem Balkongitter (Nr. 20), die Harmonie der Häuserzeile keineswegs stören.

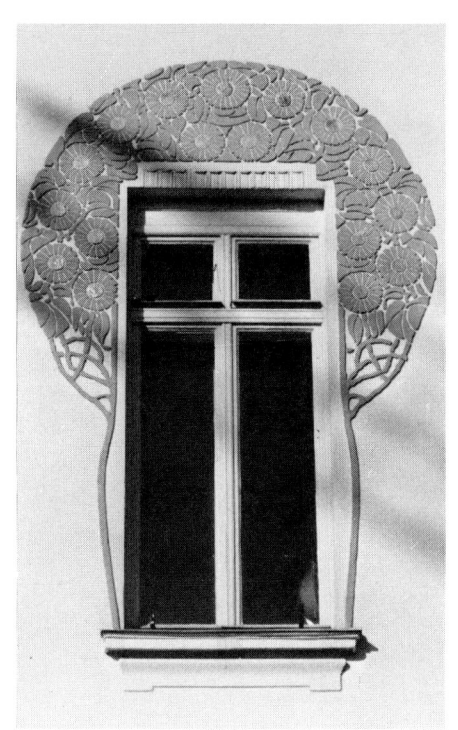

Während die Häuser von Sepp Hubatsch zur Zeit ihrer Erbauung große Beachtung fanden und auch im Standardwerk kontemporärer fortschrittlicher Architektur, »Der Architekt«[19], publiziert wurden, erfuhren sie später vorübergehend eine negative Beurteilung: F. Eppel bezeichnete die Idee, ein finanziell kostengünstiges Kleinstadt-Reihenhaus durch individuelle Fassadengestaltung zum villenartigen Identifikationsobjekt seines Besitzers zu erheben, »von vornherein eine Fehlgeburt«, die mannigfachen Formvariationen als »verquälte Musterkarten-Akrobatik« und »vorweggeahnten Gemeindebaukrampf«[20]. Jüngere Untersuchungen haben dagegen wieder den Wert dieses in Niederösterreich einzigartigen Jugendstil-Fassadenkunstwerks hervorgehoben, diesem Urteil wurde auch in einer Unterschutzstellung durch das Bundesdenkmalamt Rechnung getragen. Seit 1979 präsentieren sich sämtliche Gebäude – mit Ausnahme von Haus Nr. 4 – in vorzüglich restauriertem Zustand und vermitteln einen lebhaften Eindruck von der großen Formphantasie einer kurzen Zeitspanne österreichischer Architekturgeschichte, der Wiener Secession im Umkreis Otto Wagners.

Wie 129, Fassadendetail am Haus Franz Keim-Gasse 6.   **134**

»Betrachtet doch die alten herrenhäuser und kirchen auf dem lande, die von stadtbaumeistern herrühren. Stets waren sie in eben dem stile gebaut, in dem der meister in der stadt baute. Denkt an die Weilburg in Baden, an die kirchen aus dem anfange des neunzehnten jahrhunderts in Niederösterreich. Wie herrlich fügen sie sich in die landschaft ein, während die kindischen versuche der architekten in den letzten vierzig jahren, der natur mit steilen dächern, erkern und anderem rustikalen gejodel entgegen zu kommen, schmählich gescheitert sind. Selbst der Husarentempel hat den charakter des wienerwaldes, aber jeder aussichtsturm im burgruinenstil schändet den berg. Denn der Husarentempel ist wahrheit, und der burgruinenstil lüge. Und die natur kann es nur mit der wahrheit halten.

Malerisch erscheinen die kleidung der bauern, ihr hausrat und ihre häuser nur uns. Die bauern selbst kommen sich gar nicht malerisch vor, auch ihre häuser sind es für sie nicht. Sie haben auch nie malerisch gebaut. Aber die stadtarchitekten tun es nun nicht mehr anders. Malerisch sind unregelmäßige fenster, malerisch die rauhe, die abgeschlagene wand, malerisch die alten dachziegel . . . Was aber ein echter heimatkünstler ist, der wird auch für das richtige grüne moos sorgen. Auch die hauswurz ist nicht zu vergessen. Und ich sehe schon die zeit kommen, wo unsere geschäfts- und miethäuser, unsere theater- und konzerthäuser mit schindeln und stroh gedeckt werden.

Der vornehme stil, in dem unsere urgroßeltern in Hietzing und Döbling gebaut haben, ist vergessen, und ein tohuwabohu von rokokoschnörkeln, balkonen, neckischen ecklösungen, erkern, giebeln, türmen, dächern und wetterfahnen ist auf die landschaft losgelassen«.

Adolf Loos[21]

135

Villa Neumann am Semmering
(erbaut 1894).
Architekt: F. v. Neumann.
Ansicht von Südwesten.

MARIO SCHWARZ

Die Villen der Gründerzeit als denkmalpflegerisches Problem

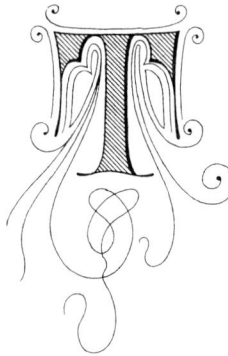

Tradition als Belastung, Verpflichtung oder Herausforderung? – Der Bestand von Villen des 19. Jahrhunderts in Niederösterreich stellt die Denkmalpflege vor vielschichtige Probleme[1]. Unter den Landhäusern im Umkreis von Wien befinden sich zahlreiche bedeutende Werke namhafter Architekten, die noch nicht einmal dokumentarisch erfaßt sind. Die Neubearbeitung des Kunstdenkmälerinventars im Rahmen der Forschungen für das Dehio-Handbuch durch das Österreichische Bundesdenkmalamt wird diesbezüglich einen wichtigen Fortschritt bringen. Nach der Erfassung der erhaltenswerten Villen werden Erhebungen über den Bauzustand und eine eventuelle Gefährdung zu pflegen sein. Viele denkmalwürdige Villen sind vor allem durch ihren soziologischen Rollenverlust gefährdet; die weitläufigen Objekte werden als unverwendbar und mit den heutigen Lebensgewohnheiten nicht mehr vereinbar angesehen. Jahrzehntelanges Leerstehen führt zur Verwahrlosung und zum Verfall, mancherorts sind sogar die Schäden der Kriegs- und Besatzungszeit noch nicht behoben worden, weiters droht dem Baubestand Gefahr durch unangepaßte Umbauten, vor allem Veränderungen und Vereinfachungen an Fassaden, Veranden und Dächern.

So präsentieren sich bedeutende Werke der niederösterreichischen Villenarchitektur heute in unterschiedlichen Graden des Verfalls: Unter den vom Einsturz bedrohten Objekten befindet sich ein architektonisch besonders interessantes Landhaus von Otto Wagner, die 1885/86 erbaute Villa Hahn in der Weilburgstraße in Baden[2]; mit einer flachen Portikusfront an der Gartenseite stellt der Bau die direkte Vorstufe zu der kurz darauf von Wagner für seine eigene Familie errichtete (erste) Villa in der Hüttelbergstraße in Wien dar. Die Villa Hahn in Baden liegt inmitten eines großen, verwilderten Parks. Das Haus ist dem Verfall preisgegeben, erst kürzlich wurden von unbekannten Tätern die Bundträme des

Detail vom Gartenzaun einer Villa in Weidling bei Klosterneuburg.

Gartenfront der Villa Hahn in Baden. Architekt: Otto Wagner. Gegenwärtiger Zustand. **138**

Dachstuhls durchgesägt, so daß der Einsturz des Daches und damit der bauliche Untergang dieses architekturhistorischen Denkmals drohen.

Einen trostlosen Anblick bietet auch die neogotische Villa Münch-Bellinghausen in Merkenstein[3] – heute im Besitz der Österreichischen Bundesforste. Der Bau wurde in der Nachkriegszeit ausgeplündert, seine massiven Mauern trotzen vorläufig noch dem Einsturz. Nicht mehr zu retten ist dagegen die zur Ruine gewordene, kulturhistorisch interessante Villa der Baronin Vetsera in der Mühlhofstraße in Payerbach; hier konzentriert sich das Interesse auf eine optimale wirtschaftliche Nutzung des großen Parks als Bauparzellen, das Landhaus selbst wurde einer Instandsetzung nicht für würdig befunden. Von Gerümpel umgeben und verwahrlost präsentiert sich die einst prachtvolle Villa Escher-Doblhoff in Berndorf[4], bei diesem Objekt wäre durch Auffinden einer sinnvollen Nutzung der Verfall noch leicht abzuwenden. Ein anderes jahrzehntelang leerstehendes Landhaus, die Villa Erzherzog Wilhelm im Helenental in Baden[5] dagegen wird zur Zeit mit großem Kostenaufwand restauriert; der bereits befürchtete Verfall dieses repräsentativen Baudenkmals scheint daher bereits sicher abgewendet zu sein.

Anhand von drei Beispielen soll nun skizziert werden, wie man versucht, den Baubestand historischer Landhäuser mit den Nutzungsmöglichkeiten der Gegenwart in Einklang zu bringen, wie derartige Objekte, unter veränderten gesellschaftlichen Verhältnissen verwendet, aber auch revitalisiert werden können.

Villa Graf Münch-Bellinghausen in Merkenstein (erbaut 1843), gegenwärtiger Zustand. **139**

140

Villa Erzherzog Wilhelm (später Villa Erzherzog Eugen) in Baden, Helenental.
Architekt: F. v. Neumann. Gegenwärtiger Zustand.

136

Erstes Beispiel – die Erhaltung eines Baubestandes bei im wesentlichen unveränderter Widmung – ist der Jagdsitz auf der Hochreith bei Hohenberg, erbaut um die Jahrhundertwende von Karl Wittgenstein, dem bedeutendsten Stahlindustriellen dieser Zeit in der österreichisch-ungarischen Monarchie – ein aufwendiges, architektonisch höchst ungewöhnliches Bauensemble: das »Block-

141

Jagdsitz Hochreith bei Hohenberg, Veranda des »Holzhauses«.

haus« mit einem von Josef Hoffmann 1906 nachträglich umgestalteten Interieur[6],
das »Holzhaus« mit weitläufigen Aussichtsveranden im Heimatstil und schließlich
das 1913 vollendete »Steinhaus«, ein schlößchenhafter Repräsentationsbau mit
neobarocken Stilelementen – zugänglich über eine von italienischen Ingenieuren

142

Wie 141, Vorraum im »Blockhaus«.
Innengestaltung: J. Hoffmann (1906),
Details von
C. O. Czeschka und R. Luksch.

Wie 141, »Blockhaus«.

143

144

Wie 141, »Steinhaus«.

kühn trassierte Serpentinenstraße. Noch heute ist der Jagdsitz Eigentum der Nachkommen Wittgensteins, die die Baulichkeiten unter größtmöglicher Schonung und stilbewußter Instandhaltung zum Sommer- und Jagdaufenthalt nützen. Die dazugehörige Forstwirtschaft erleichtert die Finanzierung der zur Erhaltung notwendigen dauernden Reparaturen.

145

Wie 141, Hauptraum im »Blockhaus«.
Gestaltung: J. Hoffmann (1906).

Siehe Abb. 61 bis 65

Das zweite Beispiel betrifft den Fall einer nutzungsmäßigen Umwidmung und dementsprechenden Adaptierung: Die Villa des Bankiers Pereira bei Greifenstein/Altenberg (Königstetten) an der Donau, ein Werk der Architekten Förster und Hansen und wohl eine der bedeutendsten Villen des 19. Jahrhunderts in Niederösterreich, ist heute Eigentum der Familie Pflaum. Den Besitzern erschien die großräumige repräsentative Anlage als Sommersitz nicht verwendbar. Angesichts der hohen Instandhaltungskosten entschloß man sich, das Landhaus der Gemeinde Wien zu vermieten, die darin ein Kinderheim einrichtete. Den Eigentümern blieben noch zwei Nebenräume zur Verfügung, die aber als Sommerwohnung ebenfalls ungeeignet waren. So wurde beschlossen, einen Zubau zu errichten, der der Besitzerfamilie genügend Bewegungsfreiheit für einen gelegentlichen Aufenthalt bieten sollte, ohne daß am Raumanspruch und den Funktionen des Kinderheims etwas geändert oder das Erscheinungsbild des Baudenkmals wesentlich beeinträchtigt werden durfte. Der Entwurf des Wiener Architekten Hermann Czech (1976–1978, Ausführung 1978/79 unter Mitarbeit von I. Lapaine und V. Thurm)[7] ging von der Überlegung aus, daß die Villa nach dem Konzept der Erbauer im Aufriß, dem Ideal des romantischen Schloßbaues folgend, von jedem Blickwinkel ein anderes Erscheinungsbild bietet und daß außerdem die ursprüngliche Form der Südseite schon im 19. Jahrhundert durch den Aufbau eines Wintergartens in Glas-Eisen-Bauweise entscheidend verändert

146

*Anbau zur Villa Pflaum
(ehemals Villa Pereira) in Altenberg
a. d. Donau (erbaut 1977–1979).
Architekt: H. Czech.*

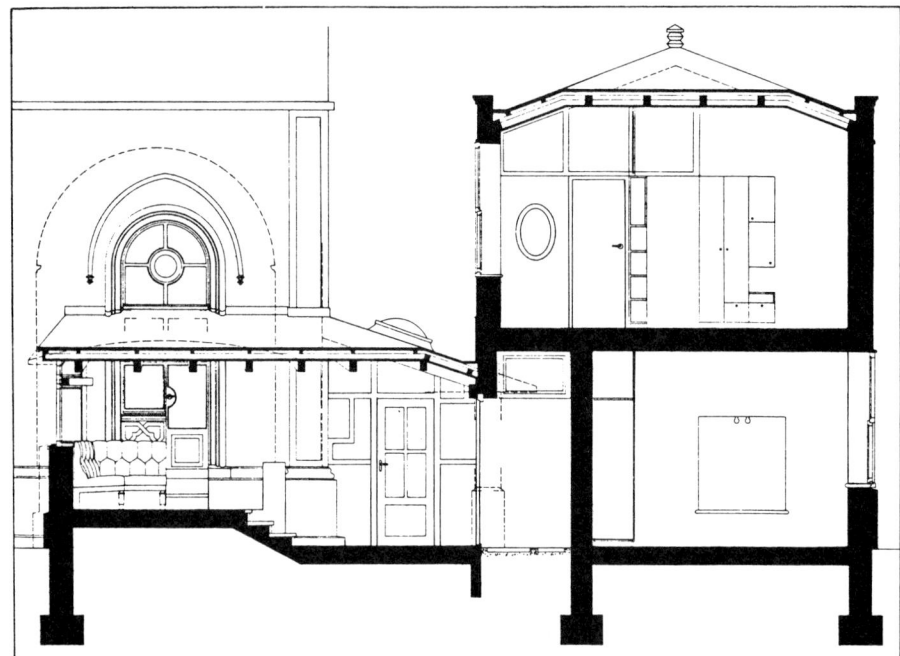

147

worden war. So wurde auch der nur 70 Quadratmeter Wohnfläche umfassende Zubau an der Südseite angeordnet; er unterteilt den ursprünglich um den Gebäudeblock führenden Umgangsweg funktionell in zwei getrennte Zugangsbereiche für das Kinderheim und für den Sommerwohnsitz der Familie Pflaum. Der Zubau, welcher Stilakzente des Altbaues, wie die Eckpilaster, zitathaft übernimmt, ist in zwei Teile gegliedert: einen unselbständig über Eck stehend an den Altbau »angelehnten« und einen selbständig-kubischen Baukörper, der mit ersterem in Verbindung steht. Zu seinem bereits vieldiskutierten Werk meint der Architekt: »Durch die Umdeutung und Neuverwendung eines Altbestandes können wir vom sozialen Kontext der Entstehung abstrahieren und so die rein architektonischen Gedanken umso klarer erfassen. Deshalb können wir an historischen Bauten unabhängig von ihrer sozialen Rolle zur Entstehungszeit Gefallen finden«[8].

Das dritte Beispiel zeigt den Versuch der Rettung, Wiederherstellung und Revitalisierung eines bereits dem Verfall preisgegebenen Landhauses: Die Villa Scherz in Ternitz-Sankt Johann, ein Prachtbau mit bemerkenswerten Elementen der großstädtischen Gründerzeitarchitektur und des Heimatstils (Holzveranden und reiche Laubsägeornamentik), erbaut 1878–1880 und mit Theophil Hansen in Zusammenhang gebracht[9], gelangte in verwahrlostem Zustand im Jahre 1974 in den Besitz der Stadtgemeinde Ternitz. Da der Abbruch bevorzustehen schien,

148

wurde die seit langem leerstehende und ausgeplünderte Villa von der Bevölkerung noch nach jeglichem brauchbarem Material durchsucht, Holzteile wurden demontiert und weggeschafft. Ex lege stand die Villa als Besitz einer öffentlichen Körperschaft nun aber unter Denkmalschutz, und auch das Präsidium des Österreichischen Bundesdenkmalamtes bekräftigte den Erhaltungswert dieses Baudenkmals. 1978 wurde die Villa von der akad. Malerin Helga Philipp-Okunev

»Salettl« im Garten einer Villa in Tullnerbach.

149

erworben. Frau Professor Philipp versucht nun, in dem Gebäude ein Kulturzentrum einzurichten, und denkt an eine Nutzung als Wohnung, Atelier, Ausstellungs- und Seminarort, durchwegs also neue kulturelle Bestimmungen, die keinerlei Ähnlichkeit mit der ursprünglichen Widmung als herrschaftlicher Landsitz haben. Die Durchführung des Revitalisierungsvorhabens wird neben der großen Eigeninitiative der Besitzerin bei der baulichen Sicherung und Instandsetzung auch öffentliche Hilfe beanspruchen – der kulturinteressierten Öffentlichkeit soll ja aber auch das neue Kulturzentrum hauptsächlich gewidmet sein.

150

Anmerkungen

Die »Verhüttelung« der Landschaft

[1] P. Schultze-Naumburg, Die Entstellung unseres Landes, in: Flugschriften des Bundes Heimatschutz, Halle a. d. S., 1905, S. 29–32.

[2] H. Mackowsky/K. F. Schinkel, Briefe, Tagebücher, Gedanken, Berlin 1922, S. 185.

[3] J. Langner, Ledoux und die »Fabriques«, in: Zeitschrift für Kunstgeschichte 26 (1963), S. 10.

[4] F. Achleitner, Über das Verhältnis Bauen und Landschaft, in: Die Ware Landschaft (Eine kritische Analyse des Landschaftsbegriffs, hrsg. von F. Achleitner), Salzburg 1977, S. 61.

[5] J. Ritter, Landschaft, Zur Funktion des Ästhetischen in der modernen Gesellschaft, in: Schriften der Gesellschaft zur Förderung der Westfälischen Wilhelms-Universität zu Münster, Heft 54, Münster 1963.

[6] M. Müller, Die ästhetische Dimension der Landschaft, Zur Bedeutung ihrer Wiedergewinnung und Erhaltung, in: Hessische Blätter, Neue Folge, Bd. 2/3 (1976), S. 57–80.

[7] Ebenda, S. 63.

[8] Ebenda, S. 62.

[9] Ebenda, S. 68.

[10] Ebenda, S. 67.

[11] Fr. v. P. G(aheis), Spazierfahrten in die Gegenden von Wien, Wien 1794, S. 3 f.

[12] J. G. Wiedemann/M. Fischel, Mahlerische Streifzüge durch die interessantesten Gegenden um Wien, Bd. I, Wien 1805, S. IVf.

[13] J. Pezzl, Die Umgebungen Wiens, Wien 1807, S. IV.

[14] Wiedemann, zit. Anm. 12, S. 25.

[15] A. Schmidl, Wien's Umgebungen auf zwanzig Stunden im Umkreise nach eigenen Wanderungen geschildert, Bd. I, Wien 1835, S. 3 ff.

[16] Wiedemann, zit. Anm. 12, Bd. II, S. 4.

[17] Ritter, zit. Anm. 5, S. 27.

[18] W. H. Riehl, Land und Leute (III. Stadt und Land), Stuttgart 1861. Die folgenden Zitate sind auf Seite 108.

[19] R. Eitelberger v. Edelberg, Ueber Städteanlagen und Stadtbauten – ein Vortrag, gehalten während der Monate Februar und März 1858 im großen ständischen Saale zu Wien, Wien 1858, S. 36.

[20] R. v. Eitelberger/H. Ferstel, Das bürgerliche Wohnhaus und das Wiener Zinshaus, Wien 1860, S. 6 und 10.

[21] M. Schasler, Villa oder Miethskaserne?, in: Dioscuren, Nr. 39 (vom 27. Oktober 1867), S. 306 f.

[22] S. Muthesius, Das englische Vorbild, in: Studien zur Kunst des 19. Jahrhunderts, Bd. 26, München 1974, S. 70 ff.

[23] E. H. d'Avigdor, Das Wohlsein der Menschen in Großstädten mit besonderer Rücksicht auf Wien, Wien 1874, S. 198.

[24] R. Schweitzer, Die Cottage-Anlage in Wien-Währing, in: Wiener Geschichtsblätter 21 (1966), S. 240–252.

[25] J. Schöffel, Erinnerungen aus meinem Leben, Wien 1905, S. 109–115, 210 f., 220 f.

[26] J. Rykwert, On Adam's House in Paradise (The Idea of the Primitive Hut in Architectural History), in: The Museum of Modern Art Papers on Architecture, New York 1972.

[27] G. Fliedl, Architektur als zweite Natur, in: Wiener Jahrbuch für Kunstgeschichte, Bd. 30/31 (1977/78), S. 239 ff.

[28] Langner, zit. Anm. 3, S. 23.

[29] Den Hinweis auf die folgende – besonders wertvolle – Publikation verdanke ich Herrn Dr. Hellmut Lorenz: »The Small English House«, A Catalogue of Books, ed. by P. Wrightson, B. Weinreb Architectural Books Ltd., London 1977.

[30] Ebenda, S. 11.

[31] Ebenda, S. 56.

[32] Ebenda, S. 59.

[33] Ebenda, S. 34 f.

[34] Ebenda, S. 12 f.

[35] Abgebildet in: H. M. Gubler, Ein Berner Bauernhaus für den König von Württemberg (eine Miszelle zum »Schweizerhaus« und seiner Entwicklung 1780–1850), in: Unsere Kunstdenkmäler 30 (1979), Heft 4, S. 380–395.

[36] »The Small English House«, zit. in Anm. 29, S. 25.

[37] Ebenda, S. 52–55. Von P. F. Robinson werden in diesem Katalog 13 Werke zitiert, die für die Problematik Villa, Landhaus und Cottage im 19. Jahrhundert von höchster Bedeutung sind.

[38] Ebenda, S. 67.

[39] Zit. Anm. 35.

[40] H. Kampffmeyer, Die Gartenstadtbewegung, Berlin 1913.

[41] The Age of Neo-Classicism, Katalog der Europarat-Ausstellung, London 1972, Kat.-Nr. 1199.

42 Rykwert, zit. Anm. 26, S. 39.

43 Revolutionsarchitektur – Boullée, Ledoux, Lequeu, Ausstellungskatalog, Baden-Baden, 2. Aufl., 1971, Kat.-Nr. 55, 71, 82, 89.

44 P. Haiko/H. Stekl, Architektur in der industriellen Gesellschaft, in: Architektur und Gesellschaft, aus: Geschichte und Sozialkunde, Bd. 6, Salzburg 1980, S. 302ff.

45 The Small English House, zit. Anm. 29, S. 83.

46 Ebenda, S. 64.

47 P. Czeike, Das Große Groner Wien Lexikon, Wien–München–Zürich 1974, S. 454f.

48 H. Cloeter, Häuser und Menschen von Wien, Wien 1916, S. 172ff.

49 J. Zykan, Laxenburg, Wien–München 1969, S. 48.

50 Es sei daran erinnert, daß der engste Freund des Grafen Lacy in Wien-Neuwaldegg Feldzeugmeister Georg Graf Browne war, der in der zweiten Hütte des Hameaus hauste.

51 E. Hainisch, Der Architekt Johann Ferdinand Hetzendorf von Hohenberg, in: Wiener Jahrbuch für Kunstgeschichte, Bd. 12/13 (16/17), 1949, Taf. XIV/1.

52 Czeike, zit. Anm. 47, S. 430.

53 Freundliche Mitteilung von Herrn Walther Brauneis. Es ist bemerkenswert, daß die Klosteranlage später die Bezeichnung »Josephsdorf« trug.

54 M. J. Knofler, Die Nadelburg – Beispiel einer frühindustriellen Siedlung, in: Maria Theresia und ihre Zeit, hrsg. von W. Koschatzky, Salzburg 1979, S. 159ff.

55 Ausstellungskatalog »Maria Theresia als Königin von Ungarn« im Schloß Halbturn, Eisenstadt 1980, S. 204ff.

56 L. Schmidt, Bauernhausforschung und Gegenwartsvolkskunde, in: Österr. Zeitschrift für Volkskunde 29 (1975), S. 320.

57 Ebenda, S. 321f.

58 Zit. Anm. 23.

59 Zit. Anm. 15.

60 R. Wagner-Rieger, Wiens Architektur im 19. Jahrhundert, Wien 1970, Taf. 72.

61 K. Weissbach, Wohnhäuser, in: Handbuch der Architektur IV, 2/1, Stuttgart 1902, S. 412.

62 Eitelberger und Ferstel, zit. Anm. 20, S. 12f.

63 »Reine« kunsthistorische Abhandlungen über das Problem »Villa« im 19. Jahrhundert gibt es noch sehr wenige. Eine kleine Literaturauswahl: N. Wibiral, Heinrich von Ferstel, phil. Diss., Wien 1952 (Kapitel Villa), S. 142–151. – J. Posener, Berliner Gartenvororte, in: Die deutsche Stadt im 19. Jahrhundert, hrsg. von L. Grote, München 1974. – K. Merten, Die großbürgerliche Villa im Frankfurter Westend, ebenda. – R. Wagner-Rieger, Romantik und Historismus, bzw. M. Bringmann, Was heißt und zu welchem Ende studiert man den Schloßbau des Historismus?, beide in: Historismus und Schloßbau, hrsg. von R. Wagner-Rieger und W. Krause, in: Studien zur Kunst des 19. Jahrhunderts, Bd. 28, München 1975, S. 11–18 bzw. S. 27–49. – H. Engel, Die Villa von der Heydt, in: Jahrbuch Preussischer Kulturbesitz 1974/75, Berlin 1976, S. 98–104. – M. Oberhammer, Von der kaiserlichen Villa in Ischl, in: alte und moderne kunst 147 (1976), S. 24–28. – P. Werkner, Die Villen Jakob Norers in Innsbruck, in: Das Fenster 23 (1978), S. 2333–2341. – Ders., Villenarchitektur der Gründerzeit in Innsbruck, Innsbruck 1979. – A. Ley, Die Villa als

Burg, München 1981. Einige von diesen Literaturhinweisen verdanke ich Herrn Dr. Patrick Werkner.

64 Es gibt einige sozialwissenschaftlich ausgerichtete Abhandlungen über die Villa: R. Bentmann/M. Müller, Die Villa als Herrschaftsarchitektur, ed. suhrkamp 396, Frankfurt/Main 1970 (Kapitel: Der Traum vom Lande, S. 116–125). – H. Sturm, Fabriksarchitektur, Villa, Arbeitersiedlung, München 1977, S. 104–112. — Haiko/Stekl, zit. Anm. 44, S. 291ff.

65 Schasler, zit. Anm. 21, S. 366.

66 Vgl. die Analyse dieses Objektes von M. Schwarz in dieser Publikation, S. 76–79.

67 P. Pötschner, Das Haus der Laune im Park zu Laxenburg, Wirklichkeit und Modell, in: alte und moderne kunst 106 (1969), S. 2–14.

68 Publiziert in: Fliegende Blätter, Jg. 121, Heft 3077, S. 35. Diesen Hinweis verdanken wir Frl. Raja Reichmann.

69 Pötschner, zit. Anm. 67, S. 14.

70 Ebenda.

71 A. Göller, Zur Aesthetik der Architektur, Stuttgart 1887, S. 95.

72 Die Inschrift der Bayreuther Villa lautet: »Dort wo mein Wähnen Frieden fand – Wahnfried sei dieses Haus genannt«.

73 Vgl. Bringmann, zit. Anm. 63, wo auf die terminologischen Schwierigkeiten aufmerksam gemacht wird.

Zur Bauaufgabe der Stadtvilla

1 Wasmuths Lexikon der Baukunst, hrsg. von G. Wasmuth, Bd. 4, Berlin 1932, S. 644ff.

2 Vgl. die Literaturzusammenstellung im vorangegangenen Abschnitt, zit. Anm. 63 und 64.

3 M. Oberhammer, Von der kaiserlichen Villa in Ischl, in: alte und moderne kunst 147 (1976), S. 27.

4 R. Wagner-Rieger, Wiens Architektur im 19. Jahrhundert, Wien 1970, S. 138.

5 J. C. Loudon, Encyclopedia of Cottage, Farm and Villa Architecture, London 1833. – H. Muthesius, Das englische Haus, Berlin 1904. – S. Muthesius, Das englische Vorbild, München 1974.

6 Wagner-Rieger, zit. Anm. 4, S. 139.

7 H. Müller, Das Wiener Cottage, in: Zeitschrift des Österreichischen Ingenieur- und Architektenvereins (1906), S. 75.

8 R. v. Eitelberger/H. Ferstel, Das bürgerliche Wohnhaus und das Wiener Zinshaus, Wien 1860, S. 75. – Vgl. auch: R. Schweitzer, Die Cottage-Anlage in Wien-Währing, in: Wiener Geschichtsblätter 21 (1966), S. 240–252.

9 Müller, zit. Anm. 7, S. 76.

10 Dazu: P. Werkner, Villenarchitektur der Gründerzeit in Innsbruck, Innsbruck 1979, S. 11–15.

11 Müller, zit. Anm. 7, S. 76.

12 Gropius' Ornamentenlehre, Berlin o. J. – Vgl. auch: F. Berndt, Systematische Ornamentenschule, Leipzig 1860.

13 M. Kiemle, Ästhetische Probleme der Architektur unter dem Aspekt der Informationsästhetik, Quickborn 1967, S. 55 ff.

14 W. Götz, Die Reaktivierung des Historismus, Betrachtungen zum Wandel der Wertschätzung der Baukunst des späteren 19. Jahrhunderts, in: Beiträge zur Rezeption der Kunst des 19. und 20. Jahrhunderts, hrsg. von W. Schadendorf, München 1975, S. 60.

15 H. G. Evers, Gedanken zur Neubewertung der Architektur im 19. Jahrhundert, in: H. Lietzmann, Bibliographie zur Kunstgeschichte des 19. Jahrhunderts, München 1968, S. 41–45.

16 G. Semper, Der Stil in den technischen und tektonischen Künsten, Bd. 1, Frankfurt/Main 1860, S. 231, Anm. 2.

Entwicklungstendenzen in der Villenarchitektur

1 Die Villa wurde im Zweiten Weltkrieg beschädigt und 1957 abgebrochen; zuvor wurde eine Bauaufnahme von E. Eckert, W. Kuras, J. Daum und M. Kupf angefertigt. Vgl. Österr. Bundesdenkmalamt Wien, Planarchiv, Inv.-Nr. 2168.

2 P. Calvi, Darstellung des politischen Bezirks Hietzing-Umgebung, Wien 1911, S. 274. – D. Frey/K. Ginhart, Wien, Niederösterreich, Oberösterreich und Burgenland (G. Dehio, Handbuch der deutschen Kunstdenkmäler), Wien–Berlin 1935, S. 271. – R. Büttner, Burgen und Schlösser zwischen Wienerwald und Leitha, Wien 1966, S. 98f.

3 Freundlicher Hinweis von Herrn Dipl.-Ing. Dr. W. Georg Rizzi.

4 Johann Julius Romano vom Ringe (1818–1882) aus Konstanz. Seit 1833 in Wien, Architekturstudium am Polytechnikum und an der Akademie der bildenden Künste in Wien bei P. v. Nobile. Juror der Pläne der Wiener Stadterweiterung (Ringstraßenprojekt). 1866 Baurat, 1869 Oberbaurat, 1871 in den Adelsstand erhoben. Ateliergemeinschaft mit August Schwendenwein v. Lonauberg (1817–1885). Wichtigste Werke: Palais Metternich am Rennweg in Wien, Schloß Henckel-Donnersmark in Wolfsberg, Kärnten, Palais Hardegg auf der Freyung in Wien, Synagoge in Brünn, Palais Colloredo-Mansfeld am Parkring und die Palais Dumba und Henckel-Donnersmark am Parkring in Wien.

5 Realis, Wanderungen durch Wien und seine Umgebungen, Wien 1846, S. 84.

6 J. A. Krickel, Ausflüge in die Gegenden des Landes unter der Enns und der Steiermark mit theilweiser Benützung der Eisenbahn, Wien 1846, S. 318.

7 S. Skacha, Romantischer Schloßbau – Problematik sowie Aufnahme und Verarbeitung der romantischen Ideen in Österreich 1760/70 – 1860/70, phil. Diss. (ungedr.), Wien 1976, S. 275.

8 L. Frh. v. Welden, Ueber dekorirende Landschafts-Gartenkunst, Anlagen sogenannter Natur- oder englischer Gärten und Gebäude, im großen wie im kleinsten Maßstabe; ganz vorzüglich für Deutschland und die wohlhabendere Mittelklasse berechnet, in: Allgemeine Bauzeitung 4 (1839), S. 23ff., 54ff., 59, Fig. 1, 2, 3.

9 Christian Ludwig Friedrich v. Förster (1797–1863) aus Bayreuth. Seit 1816 in Wien. Studium an der Akademie der bildenden Künste bei P. v. Nobile, 1843–1847 Akademieprofessor. Mitglied des Wiener Gemeinderats. Gründer und Herausgeber der »Allgemeinen Bauzeitung«. 1863 Erhebung in den Adelsstand. Wichtigste Werke: Zuckerfabrik Zinner, Palais Pereira-Arnstein in der Renngasse in Wien. Gemeinsam mit Theophil Hansen: Evangelische Kirche in Gumpendorf, Gewehrfabrik und Schießstätte am Arsenal in Wien, Palais Klein in Brünn.

10 L. Förster, Ein Landhaus in Baden bei Wien, in: Allgemeine Bauzeitung 12 (1847), S. 214.

11 R. Wagner-Rieger/M. Reissberger, Theophil von Hansen (Die Wiener Ringstraße – Bild einer Epoche, Bd. VIII/4), Wiesbaden 1980, S. 32.

12 Förster, zit. Anm. 10.

13 Die Baron Pereira'sche Villa auf der Herrschaft Königstetten im Tullnerboden nächst Wien, in: Allgemeine Bauzeitung 14 (1849), S. 117.

14 Theophil v. Hansen (1813–1891) aus Kopenhagen. 1827–1835 Architekturstudium an der Akademie Kopenhagen. Studienreisen nach Italien und Griechenland. Architektentätigkeit in Athen. Ab 1846 Partner im Architekturbüro Christian L. Försters in Wien (vgl. Anm. 9). Ab 1852 selbständiger Architekt. 1868 Professor an der Akademie der bildenden Künste in Wien. K. k. Oberbaurat. 1867 in den Adels-, 1884 in den Freiherrnstand erhoben. Wichtigste Werke: Waffenmuseum im Arsenal, Evangelische Schule am Karlsplatz, Heinrichshof, Deutschmeisterpalais, Parlament und Börse an der Ringstraße, Musikvereinsgebäude und Gebäude der Akademie der bildenden Künste in Wien, Schloß Hernstein in Niederösterreich, großherzogliches Schloß in Oldenburg, Sternwarte, Akademie der Wissenschaften und »Zappeion« in Athen.

15 Zit. Anm. 13.

16 Ebenda.

17 Ebenda.

18 F. v. Feldegg, Theophil Frh. v. Hansen, in: Wochenschrift des Österreichischen Ingenieur- und Architekten Vereins 16 (1891), S. 94.

19 Weitere Literatur: R. Wagner-Rieger, Wiens Architektur im 19. Jahrhundert, Wien 1970, S. 142, Anm. 6. – Skacha, zit. Anm. 7, S. 249. – Wagner-Rieger, zit. Anm. 11, S. 32f.

20 Landhaus der Herren Wasserburger in Baden bei Wien, in: Allgemeine Bauzeitung 22 (1857), S. 193.

21 August Sicard v. Sicardsburg (1813–1868) aus Budapest. Studium am Polytechnikum und an der Akademie der bildenden Künste in Wien bei P. v. Nobile. 1835 Assistent bei J. Stummer v. Traunfels am Polytechnikum. 1839–1841 Italienstipendium, 1842 in Paris. Gemeinsame Arbeiten mit E. van der Nüll: Carltheater in der Jägerzeile, Kommandanturgebäude des Wiener Arsenals, Reithalle der Rennwegkaserne, Mitwirkung am Stadterweiterungsprojekt (Ringstraßenprojekt), Wiener Oper.

22 Eduard van der Nüll (1812–1868) aus Wien. Studium an der Wiener Akademie bei H. Maurer und am Wiener Polytechnikum. 1832–1835 in der galizischen Landesbaudirektion. Ab 1835 weitere Studien an der Wiener Akademie bei P. v. Nobile, C. Roesner und P. Sprenger. 1845 Professor für Baukunst. 1861 k. k. Oberbaurat. Mitglied der k. k. Central-Commission zur Erforschung und Erhaltung der Baudenkmale. Eigene Werke: Ausstattung der Altlerchenfelderkirche, Sophienbad, Haas-Haus am Graben, Palais Larisch in Wien, Aktienbad in Baden bei Wien.

23 Zit. Anm. 20.

24 Wiener Bauindustrie-Zeitung 6 (1888), S. 48.

148

[25] Carl v. Hasenauer (1833–1894). Studium an der Akademie der bildenden Künste in Wien bei E. van der Nüll und A. Sicard v. Sicardsburg. 1854 Akademiepreis. Studienreisen nach Deutschland, Italien, Frankreich und England. Bauten für die Pariser Weltausstellung 1867. Gemeinsam mit Gottfried Semper Bau der Hofmuseen an der Wiener Ringstraße. Planung der Neuen Hofburg und des Burgtheaters, 1871 Bauten für die Wiener Weltausstellung. Weitere Arbeiten: Gesamtentwurf des Maria-Theresien-Denkmals und des Tegetthoff-Denkmals in Wien, Hermesvilla im Lainzer Tiergarten in Wien, Villa Haas bei Bad Vöslau.

[26] Zit. Anm. 24, S. 48 und Beilage: Wiener Bauten-Album, Abb. 7, 8.

[27] Wilhelm Bäumer (1829–1895) aus Ravensburg. Studien am Polytechnikum in Stuttgart und an der Ecole des Beaux Arts in Paris. Ab 1858 Lehrtätigkeit im Fach Architekturgeschichte am Stuttgarter Polytechnikum. Herausgeber der kunstgewerblichen Zeitschrift »Gewerbehalle«. Gründer der Stuttgarter Kunstgewerbeschule. Vorstand der Baugewerbeschule Karlsruhe. Ab 1884 in Straßburg tätig.

[28] Wagner-Rieger, zit. Anm. 19 (1970), S. 198, 204, Anm. 100.

[29] Villa Voelcker in Kritzendorf bei Wien von Architekt Emil Ritter v. Förster, in: Allgemeine Bauzeitung 42 (1877), S. 32.

[30] Emil Ritter v. Förster (1838–1909). Sohn von Christian L. Förster (zit. Anm. 9). Studium an der Berliner Akademie. Italienreisen 1857–1858 und 1862–1864. Erbauer des Wiener Ringtheaters, der Bankgebäude der Bodencreditanstalt und des Giro- und Kassenvereins, von Hotelbauten in Bozen, Meran und Bukarest sowie der Statthaltereigebäude in Laibach und Trient. Ab 1895 im Staatsdienst. Leiter des Umbaues der Wiener Hofburg.

[31] Villa des Herrn Dr. von Mitscha in Hadersdorf bei Wien von Professor Bäumer, Architekt des Nordwestbahnhofs in Wien, in: Allgemeine Bauzeitung 40 (1875), S. 41.

Die Landhausarchitektur am Beispiel von Reichenau

[1] J. A. Schultes, Ausflüge nach dem Schneeberge in Unterösterreich, Wien 1802. – F. X. Embel, Schilderung der Gebirgs-Gegenden um den Schneeberg in Österreich, Wien 1803. – A. Schmidl, Der Schneeberg in Unteröstreich mit seinen Umgebungen von Wien bis Mariazell, Wien 1831. – F. Koch, Der unentbehrliche Führer auf den Schneeberg in Nieder-Oesterreich und dessen nahe Umgebung, Wien 1842.

[2] Z. B. die Grafen Fries, Hoyos und Wilczek, Erdödy und Batthyany, die Barone Kübeck, Geymüller, Pereira, der päpstliche Nuntius L'Altieri, die Dichter Bauernfeld, Raimund und Lenau. »Thalhofsepp«, Das alte Fremdenbuch des Thalhofes in Reichenau, Wien 1881.

[3] K. Feiler, Die Entstehungsgeschichte der Semmeringbahn, in: 100 Jahre Semmeringbahn – Festschrift der Österreichischen Bundesbahnen zum Gedenken an eine bahnbrechende Leistung heimischer Technik, Wien 1954, S. 13ff.

[4] Festschrift anläßlich der Feier des 75jährigen Bestandes der Semmeringbahn, Wien 1929, S. 30.

[5] K. Ronninger, Försters Touristenführer in Wiens Umgebung, 16. Aufl., Wien 1912, S. 180.

[6] Im Zeitalter der Romantik wurde die Landschaftsgestaltung innerhalb der großen Gutsbesitzungen des Hochadels (z. B. der Fürsten Liechtenstein in Feldsberg-Eisgrub und Mödling-Brühl) realisiert. Die Weiträumigkeit der Planung führte vereinzelt gar zur finanziellen Verausgabung der Besitzer (z. B. Hermann Fürst Pückler zu Muskau). Markante Punkte der Landschaft wurden mit dekorativen Architekturen (Tempel, Ruinen, Aussichtstürme) akzentuiert, und diese Bauten waren auf optimale Wirkung in der Landschaft und gleichzeitig auf schönste Fernsicht berechnet. Dagegen befanden sich die bürgerlichen Landhäuser der Biedermeierzeit, wie etwa in Mödling und Baden, in dicht verbauten Zonen und besaßen selbst nur wenig Landschaftsbezug. Im Reichenauer Tal war ein Großteil der umliegenden Waldungen und Gebirgshöhen im Besitz des Staates (k. k. Hofkammer in Münz- und Bergwesen), Baugrundstücke am Rande dieser Wälder waren im Bereich der Bauernwirtschaften des Tales zu günstigen Preisen zu erwerben.

[7] Villa Warrens bei Payerbach am Semmering, in: Allgemeine Bauzeitung 31 (1866), S. 339. Die Villa wurde 1945 beschädigt und danach abgebrochen.

[8] Otto Thienemann (1827–1905) aus Gotha. Studium an der Technischen Hochschule in Wien, Mitarbeiter im Atelier Sicardsburgs und van der Nülls. Erbauer des Hauses des Österreichischen Ingenieur- und Architektenvereins, des Niederösterreichischen Gewerbevereins, des »Grabenhofes« und des 2. Baues des Dianabades in Wien. K. k. Baurat.

[9] Zit. Anm. 7.

[10] Ebenda.

[11] M. Herz, Rhododendron und Enzian – Das Reichenauer Thal und seine Umgebung – Der Thalhof und das Rudolfsbad, Wien 1875, S. 12.

[12] Wilhelm v. Flattich (1826–1900) aus Stuttgart. Studium am Polytechnikum in Stuttgart. Praktikum in Paris. Ab 1855 als Eisenbahnarchitekt in Wien tätig, ab 1871 Direktor der Südbahngesellschaft. 1878 in den Adelsstand erhoben. Erbauer des 2. Wiener Südbahnhofes, des Grazer Bahnhofs und der Bahnhöfe Kufstein und Triest, des Südbahnhotels in Toblach sowie bemerkenswerter Arbeiter- und Beamtenwohnhäuser in Marburg und Wien.

[13] Villa des Herrn Prof. Hebra in Reichenau von Architekt W. Flattich, in: Allgemeine Bauzeitung 39 (1874), S. 16.

[14] Ebenda.

[15] G. Friedl, Der Architekt Wilhelm von Flattich (1826–1900), (Dissertationen der Universität Wien 141), Wien 1979, S. 139ff.

[16] Zit. Anm. 13.

[17] Heinrich v. Ferstel (1828–1883) aus Wien. Studium am Polytechnikum und an der Akademie der bildenden Künste in Wien bei Rösner, van der Nüll und Sicardsburg. Stipendienreise nach Italien. 1864 Kurator des k. k. Österreichischen Museums für Kunst und Industrie. 1865 ordentliches Mitglied und akad. Rat der Akademie der bildenden Künste in Wien. Mitglied der Kunstakademien in Antwerpen, Berlin, München und Rom. 1866 Professor am Wiener Polytechnikum, 1879 Erhebung in den Freiherrnstand. Erbauer der Votivkirche, des Palais Erzherzog Ludwig Viktor, des Österr. Museums für Kunst und Industrie, des Gartenpalais Liechtenstein in der Rossau, der Wiener Universität,

des Administrationsgebäudes des Österr.-Ungarischen Lloyd in Triest
u.v.a.

18 N. Wibiral, Heinrich Ferstel und der Historismus in der Baukunst des
19. Jahrhunderts, phil. Diss. (ungedr.), Wien 1952, S. 150.

19 H. Ritter v. Ferstel, Villa Sr. kais. Hoheit Erzherzog Karl Ludwig in
Reichenau, in: Allgemeine Bauzeitung 42 (1877), S. 14f., Taf. 1–6.

20 L. Förster, Ein Landhaus in Baden bei Wien, in: Allgemeine Bauzeitung
12 (1847), S. 214.

21 1851–1853 arbeitete Ferstel im Atelier seines Onkels, des Architekten
Fritz Stache, in Prag an Restaurierungen und Umbauten von Landsitzen
des böhmischen Hochadels. – N. Wibiral/R. Mikula, Heinrich von Ferstel
(Die Wiener Ringstraße – Bild einer Epoche, Bd. VIII/3), Wiesbaden
1974, S. 165.

22 Z. B. das Chemische Institut der Universität Wien in der Währinger-
straße (1868–1872) oder das Österr. Museum für Kunst und Industrie
(1866–1871) und die Kunstgewerbeschule (1873–1877).

23 Wibiral, zit. Anm. 18, S. 335f.

24 R. Wagner-Rieger, Wiens Architektur im 19. Jahrhundert, Wien 1970,
S. 215f.

25 Ein bedeutendes frühes Beispiel in Niederösterreich ist das »Bauernhaus«
im Park des Grafen Fries in Bad Vöslau, erbaut vor 1777 von Architekt
Johann Ferdinand Hetzendorf v. Hohenberg. Siehe Abb. 37, S. 46,
Anm. 51.

26 Der Bau entstand 1884–1888 unter einem Kostenaufwand von 2
Millionen Gulden. An das Herrenhaus (Vestibül und Salon im Erdgeschoß, Wohn- und Schlafräume im 1. Stock, Eingang mit »Unterfahrt«
an der Rückseite, unrepräsentatives Stiegenhaus als Anbau) schließt ein
niedriger Dienerschaftstrakt um einen Hof an. Der Landsitz wurde 1894
in eine Stiftung für invalide Offiziere umgewandelt.

27 F. Haas, Reichenau und seine malerische Umgebung, 3. Aufl., Reichenau
1899, Karte bei S. 40/41, Abb. S. 54, 75, 82. Villa Fränkl wurde nach dem
Zweiten Weltkrieg abgebrochen und durch einen Neubau ersetzt.

28 Ebenda, S. 77ff.

29 Reichenau war der Lieblingsaufenthalt der Schriftsteller Arthur Schnitz-
ler und Peter Altenberg. Gustav Mahler und Theodor Herzl hatten hier
Villen. 1917–1918 war Wartholz Sommerresidenz Kaiser Karls I.

Aspekte niederösterreichischer Villenarchitektur

1 A. Geul, Die Anlage der Wohngebäude, 2. Aufl., Leipzig 1885, S. 89, 91,
92.

2 Ebenda, S. 93f.

3 5. Aufl., 17. Bd., Leipzig–Wien 1897, S. 330.

4 K. Eggert, Der sogenannte »Historismus« und die romantischen Schlösser in Österreich, in: Historismus und Schloßbau (Studien zur Kunst des
19. Jahrhunderts, Bd. 28), München 1975, S. 55 ff. passim.

5 Zu Vanbrugh Castle: M. Girouard, The castle revival in English
architecture 1610–1870, in: Historismus und Schloßbau, zit. Anm. 4,
S. 83.

6 Zu Schönau: W. A., Erzherzog Otto v. Österreich und sein Schloß
Schönau, in: Moderne Kunst in Meisterholzschnitten, XIII. Bd., Berlin
1899, S. 393ff. mit Abb. – Zu Kreuzenstein: K. Eggert, Hans Graf
Wilczek und sein Werk, in: alte und moderne kunst 156 (1978), S. 24ff.

7 K. Eggert, Der Wohnbau der Wiener Ringstraße 1855–1896 (Die Wiener
Ringstraße – Bild einer Epoche, Bd. VII), Wiesbaden 1976, S. 392. – Zur
Villa Erzherzog Wilhelm in Baden bei Wien: K. v. Lützow, Die Architektur in Niederösterreich, Das XIX. Jahrhundert, in: Die österrei-
chisch=ungarische Monarchie in Wort und Bild, Bd. Wien und Niederösterreich, 2. Abt., Wien 1888, S. 285f. – R. Groner, Das geistige Wien,
Jg. 1890, Wien 1890, S. 187.

8 K. Eggert, Josef Utz Vater und Sohn, I. Teil: Werke in Krems, in:
Mitteilungen des Kremser Stadtarchivs 19 (1980), S. 41–90.

9 Abbildung des besprochenen Villentyps bei: R. Dixon/S. Muthesius,
Victorian Architecture, London 1978, S. 46 links.

10 R. v. Eitelberger/H. Ferstel, Das bürgerliche Wohnhaus und das Wiener
Zinshaus, Wien 1860.

Villenbau um die Jahrhundertwende

1 E. Klotzberg/A. Silberhuber/J. Rabl, Führer auf den Semmering und
seine Umgebung mit besonderer Berücksichtigung der Hotelanlagen,
7. Aufl., Wien 1902, S. 47. – Weitere Literatur: G. Bach, Der Semmering
und seine Umgebung, Wien 1901. – F. Benesch/P. Busson, Der Semmering und seine Berge, Ein Album der Semmeringlandschaft von Gloggnitz bis Mürzzuschlag, Wien 1913.

2 (F.) v. Neumann, Wohnhaus am Semmering, in: Zeitschrift des Österr.
Ingenieur- und Architekten-Vereines 47 (1895), Nr. 4, S. 41.

3 Ebenda, Taf. V.

4 (F.) v. Neumann, Villa Bittner am Semmering, in: Zeitschrift des Österr.
Ingenieur- und Architekten-Vereines 47 (1895), Nr. 31, S. 393, Taf. XX.

5 Klotzberg, zit. Anm. 1, S. 62.

6 Ebenda, S. 51, 55 ff.

7 L. Münz/G. Künstler, Der Architekt Adolf Loos, Wien–München 1964,
S. 57ff.

8 E. Koller-Glück, Das grüne Jugendstilklavier des Doktor K., in: Die
Presse, 18./19. Jänner 1975, S. 20.

9 K. H. Schreyl/D. Neumeister, Joseph Maria Olbrich Die Zeichnungen
in der Kunstbibliothek Berlin – Kritischer Katalog, Berlin 1972, S. 39ff. –
I. Latham, Joseph Maria Olbrich, Stuttgart 1981, S. 42ff. – Weitere
Literatur: Ver Sacrum II (1899), S. 8f. – Der Architekt V (1899), S. 6ff. –
Kunst und Kunsthandwerk II (1899), S. 430ff. – Dekorative Kunst V
(1900), S. 228ff. – J. R. Clark, J. M. Olbrich 1867–1908, in: Architectural
Design 37 (1967), S. 566. – R. J. Clark, Olbrich and Vienna, in: Kunst in
Hessen und am Mittelrhein 7 (1967), S. 45f.

10 Joseph Maria Olbrich (1867–1908) aus Troppau. Studium an der
Staatsgewerbeschule und an der Akademie der bildenden Künste in Wien
bei C. v. Hasenauer. 1893 und 1894 im Atelier Otto Wagners tätig.
Rompreisträger der Akademie. 1897 Mitbegründer der Wiener Secession.

1899 Berufung durch Großherzog Ernst Ludwig v. Hessen an die Künstlerkolonie Darmstadt. 1900 Professor, 1907 Gründungsmitglied des Deutschen Werkbundes. Wichtigste Werke in und für Österreich: Gebäude der Wiener Secession, Villa Friedmann in der Hinterbrühl (1898–1899), Wohnhaus Dr. Stöhr in St. Pölten, Wohnhaus Hermann Bahr in Wien, »Wiener Interieur« und Empfangssalon auf der Pariser Weltausstellung 1900. Zahlreiche Bauten in Darmstadt, Dresden und Düsseldorf.

[11] (L. Hevesi), in: J. M. Olbrich, Ideen, Wien 1899, S. IX.

[12] Ebenda, S. XI.

[13] Josef Plečnik (1872–1957) aus Laibach-Gradišče. Ausbildung an der Laibacher und Grazer Gewerbeschule. Möbelzeichner. Studium an der Akademie der bildenden Künste in Wien bei Otto Wagner. Mitarbeit in dessen Atelier. Romstipendium, Studienreise nach Paris. 1900–1911 in Wien als Architekt tätig. Ab 1911 Professor an der Prager Kunstgewerbeschule, ab 1920 Professor an der Universität Laibach. Zahlreiche bedeutende Bauten in Laibach.

[14] D. Prelovšek, Josef Plečnik – Wiener Arbeiten von 1896 bis 1914, Wien 1979.

[15] Weitere Literatur: Der Architekt VIII (1902), S. 28, Taf. 50, 51. – Der Architekt IX (1903), Taf. 20. – M. Pozzetto, Jože Plečnik e la scuola di Otto Wagner, Turin 1968, S. 43 f., Abb. 26–30.

[16] Sepp Hubatsch (1873–1935) aus Schäßburg, Siebenbürgen. Studium der Geodäsie an der Technischen Hochschule und der Architektur in der Meisterschule Otto Wagners an der Akademie der bildenden Künste in Wien. 1. Preis im Wettbewerb für das Börsengebäude in Budapest. Ausgeführte Entwürfe: Reihenhausanlagen in der Franz Keim-Gasse 4–22 und Turnerstraße 5–9 in Brunn am Gebirge, Mädchenlyzeum in Mödling, Missionshaus St. Gabriel in Mödling.

[17] Der Architekt XIII (1907). Vgl. auch die Seminararbeiten von G. Kargl, A. Stoklassa, H. Rubey und F. Poindl am Institut für Baukunst, Denkmalpflege und Kunstgeschichte der Technischen Universität Wien.

[18] R. L. Schachel, Ein Ensemble des Jugendstils – Die Reihenhaussiedlung von Sepp Hubatsch in Brunn am Gebirge, Niederösterreich, in: alte und moderne kunst 118 (1971), S. 25 ff.

[19] Zit. Anm. 17.

[20] F. Eppel, Ein Weg zur Kunst, Salzburg 1965, S. 219 ff.

[21] Heimatkunst (1914), in: A. Loos, Trotzdem, 1900–1930 (A. Loos, Sämtliche Schriften, hrsg. v. F. Glück, I. Bd.) Wien–München 1962, S. 336 ff., passim.

Villen als denkmalpflegerisches Problem

[1] Der Verfasser verdankt zu diesem Abschnitt wertvolle Anregungen und Hilfe Frau Univ.-Assistent Dipl.-Ing. Maria Auböck, Herrn Architekten Mag. Hermann Czech und Frau Hochschulprof. Helga Philipp-Okunev.

[2] H. Geretsegger/M. Peintner, Otto Wagner 1841–1918, Salzburg 1964, S. 12.

[3] Vgl. S. 72–73.

[4] Erbaut als Wohnhaus für den Direktor der Krupp-Werke Berndorf, vgl. S. 110 u. *Abb. 107*. Siehe die Abb. bei K. Roschitz, Viertel unter dem Wienerwald, Portrait einer Kulturlandschaft, Wien–München–Zürich 1977, S. 25 ff., Abb. 24.

[5] Vgl. S. 107–108 und *Abb. 103 u. 104*

[6] F. Windisch-Graetz, Das Jagdhaus Hochreith – Zur Stilanalyse der Räume von Josef Hoffmann, in: alte und moderne kunst 92 (1967), S. 28 ff. – G. Fanelli/E. Godoli, La Vienna di Hoffmann, architetto della qualità, Rom–Bari 1981, S. 107, Abb. 151–154. – E. F. Sekler, Josef Hoffmann, Salzburg 1982, S. 75 f., 310 f. Abb. 82, 83. – M. Auböck, Der Natur entgegen – Gartenkunst im Jugendstil, in: Steine sprechen 68/69 (1982), S. 22 f.

[7] H. Czech, No Need for Panic, in: 13 IAUS, Austrian New Wave (A New Wave of Austrian Architecture, Catalogue 13, hrsg. vom Institute for Architecture and Urban Studies, IAUS Exhibition Catalogues, Series 2), New York 1980, S. 77 ff., Abb. 40–51.

[8] H. Czech, Motivenbericht zum Zubau Villa Pflaum in Altenberg, Wien o. J., S. 2.

[9] Univ.-Prof. Dr. Renate Wagner-Rieger erstellte 1978 ein Gutachten über die Villa Scherz in Ternitz-St. Johann. Vgl. Österreichische Zeitschrift für Kunst und Denkmalpflege 35 (1981), S. 77.

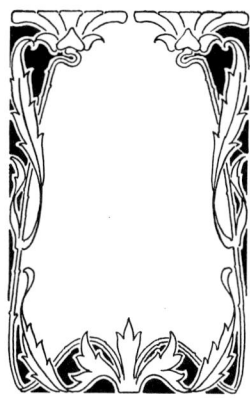

Abbildungsverzeichnis und Bildnachweis

Abbildung auf dem Schutzumschlag: Villa Baron Pereira (jetzt Villa Pflaum) in Altenberg a. d. Donau (erbaut 1849). Architekten: Christian Ludwig Förster und Theophil v. Hansen. Aufrißdarstellung, Ansicht von Norden.

Frontispiz S. 2: Villa Erzherzog Wilhelm (später Villa Erzherzog Eugen) in Baden, Helenental. Architekt: Franz v. Neumann.

ansicht der Straßenfront. Charakteristische Schmuckmotive im secessionistischen Stil an Gartengitterzaun und Fassade.

136. Villa Bittner am Semmering (erbaut 1895). Architekt: Franz v. Neumann. Ansicht von Südosten. Typischer Bau im Heimatstil. Rahmen von einem Inserat von 1890.

137. Detail vom Gartenzaun einer Villa in Weidling bei Klosterneuburg (vgl. Abb. 3) mit charakteristischen Schmuckformen im secessionistischen Stil.

138. Gartenfront der Villa Hahn in Baden, Weilburgstraße (erbaut 1885–1886). Architekt: Otto Wagner. Gegenwärtiger Zustand.

139. Villa Münch-Bellinghausen in Merkenstein (erbaut 1843), gegenwärtiger Zustand (vgl. Abb. 57).

140. Villa Erzherzog Wilhelm (später Villa Erzherzog Eugen) in Baden, Helenental. Architekt: Franz v. Neumann. Gegenwärtiger Zustand.

141. Jagdsitz Hochreith bei Hohenberg, Veranda des »Holzhauses« mit Ausblick auf die umgebenden Waldungen.

142. Jagdsitz Hochreith bei Hohenberg, Vorraum im »Blockhaus«. Innengestaltung im Auftrag von Karl Wittgenstein ausgeführt von Architekt Josef Hoffmann (1906), Details von C. O. Czeschka und R. Luksch. Gegenwärtiger Zustand.

143. Jagdsitz Hochreith bei Hohenberg, Außenansicht des »Blockhauses«. Gegenwärtiger Zustand.

144. Jagdsitz Hochreith bei Hohenberg, Ansicht des »Steinhauses«.

145. Jagdsitz Hochreith bei Hohenberg, Hauptraum im »Blockhaus«. Gestaltung: Josef Hoffmann (1906).

146. Anbau zur Villa Pflaum (ehemals Villa Pereira) in Altenberg a. d. Donau (Planung 1976–1978, Ausführung 1978–1979). Architekt: Hermann Czech.

147. Anbau zur Villa Pflaum in Altenberg, Aufrißschnitt.

148. Villa Scherz in Ternitz, St. Johann. Zustand 1974.

149. »Salettl« im Garten einer Villa in Tullnerbach.

150. Detail der Eingangstür einer Villa in Baden.

Blumendarstellung auf S. 145: Entwurf von Joseph M. Olbrich (1899).

Bildquellen

Einband: Reproduktion einer Tapete um 1900, Originalgröße, mit frdl. Genehmigung von Frau Elisabeth Bobrowsky.

Photos:
Mag. Christian Chinna: Abb. 4, 5, 6, 9, 10, 11, 15, 16, 17, 49, 97, 149.
Dr. Klaus Eggert: Abb. 109.
Johanna Fiegl: Abb. 98, 99, 103, 105, 106, 107, 142, 145 (Abb. 142 und 145 mit frdl. Genehmigung des Residenz-Verlags Salzburg

sowie von Univ.-Prof. Dr. Eduard F. Sekler, Cambridge [Massachusetts], USA).
Dipl.-Ing. Franz Christian Häupl: Abb. 1, 12, 45, 135.
Ingrid Lapaine: Abb. 146 (mit frdl. Genehmigung von Arch. Mag. Hermann Czech).
H. Kedro: Abb. 148 (mit frdl. Genehmigung von Frau Prof. Helga Philipp-Okunev).
Dr. Mario Schwarz: Abb. 2, 3, 7, 8, 13, 14, 40, 44, 46, 48, 50, 51, 52, 61, 62, 63, 89, 90, 91, 92, 96, 108, 110, 111, 112, 113, 114, 115, 116, 126, 129, 131, 132, 133, 134, 136, 137, 141, 143, 144, 150.
Österreichisches Bundesdenkmalamt Wien: Abb. 104, 138, 139, 140.
Österreichische Nationalbibliothek Wien, Bildarchiv: Abb. 57, 93, 94, 120, 121, 122, 123, 125.
Technische Universität Wien, Institut f. Baukunst, Denkmalpflege u. Kunstgeschichte: Abb. 119.
Universität Wien, Kunsthistorisches Institut: Abb. 32, 35, 36, 37, 39, 41, 43.

Planzeichnungen:
Architekt Mag. Hermann Czech: Abb. 147.
Österreichisches Bundesdenkmalamt Wien, Planarchiv, Inv.-Nr. 2168 (Bauaufnahme von E. Eckert und W. Kuras): Abb. 53, 54, 55.

Reproduktionen aus Druckwerken:
Schutzumschlag: Die Baron Pereira'sche Villa auf der Herrschaft Königstetten im Tullnerboden nächst Wien, in: Allgemeine Bauzeitung 14 (1849).
Frontispiz S. 2: Die österreichisch=ungarische Monarchie in Wort und Bild, Wien und Niederösterreich, 2. Abt., Niederösterreich, Wien 1888. Montage: Dr. Mario Schwarz.

18. D. Garret, Designs and Estimates of Farmhouses etc., for the County of York, Northumberland, Cumberland, Westmoreland and Bishopric of Durham, London 1747.

19. J. Soane, Sketches in Architecture; Containing Plans and Elevations of Cottages, Villages and Other Useful Buildings, with Characteristic Scenery, London 1793.

20. J. Wood, A Series of Plans for Cottages or Habitation of the Labourer, either in Husbandry, or the Mechanic Arts Adopted as Well to Towns as to the Country, London 1806.

21. J. C. Loudon, An Encyclopaedia of Cottage, Farme and Villa Architecture and Furniture, London 1842.

22. W. & J. Halfpenny, Chinese an Gothic Architecture Properly Ornamented, London 1752.

23. A. Reinle, Urtümlichkeit und Urbanität, in: Unsere Kunstdenkmäler 30 (1979).

24. R. Elsam, An Essay on Rural Architecture, Illustrated with Original and Oeconomical Designs, London 1805.

25. P. F. Robinson, Designs for Ornamental Villas, London 1827.

26. P. F. Robinson, Designs for Ornamental Villas, 3. Aufl., London 1836.

27. R. Brown, Domestic Architecture; Containing a History of

the Science, and Principles of Designing Public Edifices, Private Dwelling Houses, Country Mansions and Suburban Villas, London 1842.

28. S. H. Brooks, Designs for Cottage and Villa Architecture, London 1839.

29. C. J. Richardson, Picturesque Designs for Mansions, Villas, Lodges & C. with Decorations Internal an External, Suitable to Each Style, London 1870.

30. »La hutte primitive« in: M. A. Laugier, Essai sur l'architecture, Paris 1755.

31. Eugène Viollet-le-Duc, »Das erste Gebäude« (1875), in: J. Rykwert, On Adam's House in Paradise, The Idea of the Primitive Hut in Architectural History (The Museum of Modern Art Papers on Architecture), New York 1972.

33. H. Roberts, The Dwellings of the Labouring Classes, Their Arrangement and Construction With the Essentials of a Healthy Dwelling, London 1867.

34. J. Birch, Country Architecture, A Work Designed for the Use of the Nobility and Country Gentlemen, Edinburgh-London 1874.

38. Ausstellungskatalog: Maria Theresia als Königin von Ungarn, Halbturn 1980.

42. Fliegende Blätter, 121. Jg., Nr. 3077, München o. J., auf frdl. Hinweis von Frl. Raja Reichmann.

S. 69. Fliegende Blätter, München o. J., auf frdl. Hinweis von Frl. Raja Reichmann.

56. (L.) Frh. v. Welden, Ueber dekorirende Landschafts-Gartenkunst, Anlagen sogenannter Natur- oder englischer Gärten und Gebäude, im großen wie im kleinsten Maßstabe; ganz vorzüglich für Deutschland und die wohlhabendere Mittelklasse berechnet, in: Allgemeine Bauzeitung 4 (1839).

58, 59, 60. L. Förster, Ein Landhaus in Baden bei Wien, in: Allgemeine Bauzeitung (1847).

64, 65, 66. Die Baron Pereira'sche Villa auf der Herrschaft Königstetten im Tullnerboden nächst Wien, in: Allgemeine Bauzeitung 14 (1849).

67, 68. Landhaus der Herren Wasserburger in Baden bei Wien, in: Allgemeine Bauzeitung 22 (1857).

69, 70. Wiener Bauindustrie-Zeitung VI (1888), Beilage: Wiener Bauten-Album.

71, 72, 73. Villa Gross in Korneuburg von Professor Bäumer, Architekt des Nordwestbahnhofes in Wien, in: Allgemeine Bauzeitung 40 (1875).

74, 75. Villa Voelcker in Kritzendorf bei Wien von Architekt Emil Ritter v. Förster, in: Allgemeine Bauzeitung 42 (1877).

76, 77, 78, 79. Villa des Herrn Dr. von Mitscha in Hadersdorf bei Wien von Professor Bäumer, Architekt des Nordwestbahnhofes in Wien, in: Allgemeine Bauzeitung 40 (1875).

S. 88. Inserate aus: A. Silberhuber/J. Rabl, Führer auf den Semmering und seine Umgebung mit besonderer Berücksichtigung des neuen Hôtels (Touristen-Führer, hg. vom Oesterreichischen Touristen-Club, VI. Heft), 4. Aufl., Wien 1890 – R. v. Strobach, Bad Fischau und Umgebung, Wiener Neustadt 1903.

80, 81, 82. Villa Warrens bei Payerbach am Semmering, in: Allgemeine Bauzeitung 31 (1866).

83, 84, 85. Villa des Herrn Prof. Hebra in Reichenau von Architekt W. Flattich, in: Allgemeine Bauzeitung 39 (1874).

86, 87, 88. H. v. Ferstel, Villa Sr. kais. Hoheit Erzherzog Karl Ludwig in Reichenau, in: Allgemeine Bauzeitung 42 (1877).

95. Neubauten und Concurrenzen 1 (1895).

102, 103. Erzherzog Otto v. Oesterreich und sein Schloß Schönau, in: Moderne Kunst in Meisterholzschnitten 13 (1899).

117. (F.) v. Neumann, Villa Bittner am Semmering, in: Zeitschrift des Oesterr. Ingenieur- und Architekten-Vereines 47 (1895), Nr. 31.

118. E. Klotzberg/A. Silberhuber/J. Rabl, Führer auf den Semmering und seine Umgebung mit besonderer Berücksichtigung der Hotelanlagen (Touristen-Führer, hg. vom Oesterreichischen Touristen-Club, VI. Heft), 7. Aufl., Wien 1902.

124. Ver Sacrum II (1899), Heft 1.

127, 128. Der Architekt VIII (1902).

130. Der Architekt XIII (1907).

Blumendarstellung auf S. 145: Ver Sacrum II (1899), Heft 1.

Ortsregister

Personenregister

Studien zu Denkmalschutz und Denkmalpflege

 VERLAG BÖHLAU WIEN · KÖLN · GRAZ

Dissertationen zur Kunstgeschichte

1   *Der Kult des Künstlers und der Kunst im 19. Jahrhundert*. Zum Bildtyp des Hommage. Von Siegfried Gohr. 1975. VIII, 265 S. Br.

2   *Palladios Frühwerk – Bauten und Zeichnungen*. Von Ursel Berger. 1978. X, 300 S., 22 Tafeln. Br.

3   *Erwin Panofsky – Kunsttheorie und Einzelwerk*. Von Renate Heidt. 1977. VII, 368 S., 11 Abb. auf Kunstdruck. Br.

4   *Die Fassade des Dogenpalastes in Venedig*. Der ornamentale und plastische Schmuck. Von Herma Bashir-Hecht. 1977. VIII, 203 S., 13 Kunstdrucktafeln i. Anhang, 1 Faltkarte i. Rückenschlaufe. Br.

5   *Idylle*. Theorie, Geschichte, Darstellung in der Malerei, 1750–1850. Zur Anthropologie deutscher Seligkeits-Vorstellungen. Von Klaus Bernhard. 1977. XXIII, 332 S. Br.

6   *Künstlergrabmäler des 15. und 16. Jahrhunderts in Italien*. Ein Beitrag zur Sozialgeschichte der Künstler. Von Gesa Schütz-Rautenberg. 1978. X, 397 S., 67 Abb. und 32 Tafeln. Br.

7   *Die Grabdenkmäler der Mainzer Erzbischöfe vom 13. bis zum frühen 16. Jahrhundert*. Untersuchungen zur Geschichte, zur Plastik und zur Ornamentik. Von Gisela Kniffler. 1978. XII, 397 S., 20 Figuren und 15 Kunstdrucktafeln i. Anhang. Br.

8   *Landschaft als Sinnbild*. Der sinnbildhafte Charakter von Landschaftselementen der oberdeutschen Tafelmalerei des 15. Jahrhunderts. Von Gertrud Roth. 1979. X, 262 S., 36 Abb. Br.

9   *Die Verspottung Christi von Mathis Gothart Nithart, gen. Grünewald*. Von Margit Lurz. 1979. VIII, 118 S., 10 Abb. auf 8 Tafeln. Br.

10   *Kunsterziehung und Kunstwissenschaft im Wilhelminischen Deutschland 1871–1918*. Von Peter Joerißen. 1979. XI, 424 S., 24 Abb. Br.

11   *Themen der ägyptischen Malerei des 20. Jahrhunderts*. Von Ezzat Naguib. 1980. XI, 248 S., 26 Tafeln, zahlr. Abb. i. Text. Br.

12   *Ganymed*. Studien zur Typologie, Ikonographie und Ikonologie. Von Gerda Kemter. 1980. IX, 231 S., 120 Abb. auf 59 Tafeln i. Anhang. Br.

13   *Die Architekturvorstellungen der Anthroposophen*. Versuch einer Deutung und Wertung. Von Wolfgang Bachmann. 1981. XII, 240 S., 94 Abb. Br.

14   *Carl Friedrich Lessing (1808–80). Die Handzeichnungen*. Von Vera Leuschner. 1982. VIII, VI, 1276 S., 42 Abb. 2 Teilbde. Br.

15   *Faschistische Staatsbaukunst*. Zur ideologischen Funktion der öffentlichen Architektur im faschistischen Italien. Von Margrit Estermann-Juchler. Ca. 289 S., zahlr. Abb. Br.

16   *Denkmalpflege – Moderne Architektur*. Am Beispiel Ballhausplatz–Minoritenplatz in Wien. Von Mariella Reininghaus. 120 Seiten, 73 Abb. Br. (In Vorbereitung.)

VERLAG BÖHLAU   WIEN · KÖLN · GRAZ